Der Frühling hat sich eingestellt

Der Frühling hat sich eingestellt

Die schönsten
Frühlings- und Ostergeschichten

mit Illustrationen von Ludwig Richter

benno VERLAG

Bibliografische Information der Deutschen Bibliothek
Die Deutsche Bibliothek verzeichnet diese Publikation
in der Deutschen Nationalbibliografie;
detaillierte bibliografische Daten sind im Internet
über http://dnb.ddb.de abrufbar.

ISBN 978-3-7462-2188-5

St. Benno-Verlag GmbH
04159 Leipzig, Stammerstr. 11
www.st-benno.de

Zusammenstellung: Volker Bauch
Umschlaggestaltung: Ulrike Vetter, Leipzig
Gesamtherstellung: Kontext, Lemsel (B)

INHALT

FRÜHLING 11
Theodor Fontane

WAS ICH MIR WÜNSCHE 12
Rudolf Otto Wiemer

WINTER UND FRÜHLING 13
Äsop

WINTER, ADE! 14
Hoffmann von Fallersleben

VORFRÜHLING 15
Otto Julius Bierbaum

SCHNEEGLÖCKCHEN 16
Hoffmann von Fallersleben

DAS SCHNEEGLÖCKCHEN 17
Hans Christian Andersen

HERR WINTER 25
Christian Morgenstern

FRÜHLINGSLIEDER 26
Theodor Fontane

DREI HASEN 28
Christian Morgenstern

FRÜHLINGSAHNUNG 29
Hoffmann von Fallersleben

DIE WEIDENKÄTZCHEN 30
Christian Morgenstern

FRÜHLINGS ANKUNFT 32

AUS KINDERZEITEN 33
Hermann Hesse

FEBRUAR BIS MAI 37
Theodor Storm

FRÜHLINGSERWACHEN 39
Adalbert Stifter

NEUER FRÜHLING 49
Theodor Storm

AN DEN FRÜHLING 50
Friedrich von Schiller

WARUM DER MÄRZ EINUNDDREIßIG TAGE HAT 52
Anonym

FRÜHLINGSGLAUBE 54
Ludwig Uhland

ALLE VÖGEL SIND SCHON DA 55
Hoffmann von Fallersleben

DER FRÜHLING HAT SICH EINGESTELLT 56
Hoffmann von Fallersleben

SPATZ UND SCHWALBEN 58
Wilhelm Busch

ICH BEKOMME EIN LÄMMCHEN 59
Astrid Lindgren

ES WIRD FRÜHLING 66
Søren Kierkegaard

FRÜHLINGSLUST 67

LEISE ZIEHT
DURCH MEIN GEMÜT 68
Heinrich Heine

FRÜHLINGSLIED 69
Hoffmann von Fallersleben

JETZT BLÜHT'S IN ALLEN WIPFELN 70
Joseph von Eichendorff

ER IST'S 72
Eduard Mörike

NOTIZBLÄTTER UM OSTERN 74
Hermann Hesse

DAS GRAB IST LEER! 89
Matthias Claudius

DER HEILAND IST ERWACHT 90
Max von Schenkendorf

FREI VON TOD UND BANDEN 91
Annette von Droste-Hülshoff

»ICH BIN DIE AUFERSTEHUNG
UND DAS LEBEN« 92
Ludwig Richter

OSTERSPAZIERGANG 94
Johann Wolfgang von Goethe

DIE LUFT IST VOLL OSTERN 96
Max Frisch

AN DEN OSTERHASEN 98
Hortense Geigenberger

RÄTSELHAFTES OSTERMÄRCHEN 99
Joachim Ringelnatz

DER OSTERHASE 101
Volksgut

DAS OSTER-ABC 102
James Krüss

DER ENTHÜLLTE OSTERHASE
ODER KLEINE VERSTECK-LEHRE 104
Walter Benjamin

AUS EINEM APRIL 108
Rainer Maria Rilke

DER MANDELZWEIG 109
Schalom Ben-Chorin

VOLL BLÜTEN 110
Hermann Hesse

APRIL 111
Wilhelm Raabe

KOMM, LIEBER MAI 114
Christian Adolf Overbeck

AN DEN MAI 116
Eduard Mörike

DER EINDRINGLING 117
Leo Tolstoi

DER MAI IST GEKOMMEN 119
Volksgut

ROSEN IN DEM MAIEN 120
Adelbert von Chamisso

DURCHEINANDER 120
Joseph von Eichendorff

DIE TAGE DER TAUSEND WUNDER 121
Hermann Löns

IM WUNDERSCHÖNEN MONAT MAI 130
Heinrich Heine

DAS GÄNSEBLÜMCHEN 131
Hans Christian Andersen

MAILIED 138
Johann Wolfgang von Goethe

DER MAI 140
Erich Kästner

MAILIED 142
Matthias Claudius

SOMMERGESANG 144
Paul Gerhardt

Quellennachweis 148

Frühling.

FRÜHLING

Theodor Fontane

Nun ist er endlich kommen doch
in grünem Knospenschuh:
»Er kam, er kam ja immer noch«,
die Bäume nicken sich's zu.

Sie konnten ihn all erwarten kaum
und treiben sie Schuss auf Schuss;
im Garten der alte Apfelbaum,
er sträubt sich, aber er muss.

Wohl zögert auch das alte Herz
und atmet noch nicht frei,
es bangt und sorgt: »Es ist erst März
und März ist noch nicht Mai.«

O schüttle ab den schweren Traum
und die lange Winterruh:
Es wagt es der alte Apfelbaum.
Herze, wag's auch du.

WAS ICH MIR WÜNSCHE

Rudolf Otto Wiemer

Was ich mir wünsche:
Die Unermüdlichkeit der Drossel, da es
dunkelt, den Gesang zu erneuern.
Den Mut des Grases, nach so viel
Wintern zu grünen.
Die Geduld der Spinne, die ihrer Netze
Zerstörung nicht zählt.
Die Kraft im Nacken des Kleibers.
Das unveränderliche Wort der Krähen.
Das Schweigen der Fische gestern.
Den Fleiß der Holzwespen,
die Leichtigkeit ihrer Waben.
Die Unbestechlichkeit des Spiegels.
Die Wachheit der Uhr.
Den Schlaf der Larve im Acker.
Die Lust des Salamanders am Feuer.
Die Härte des Eises, das der Kälte trotzt,
doch schmilzt im Märzlicht der Liebe.
Die Glut des Holzes, wenn es verbrennt.
Die Anmut des Winds.
Die Reinheit der Asche, die bleibt.

WINTER UND FRÜHLING

Äsop

Der Winter spottete über den Frühling und schalt: »Sobald du dich sehen lässt, hat keiner mehr Ruhe: Wer seine Freude dran hat, läuft in die Wiesen und Haine, um Blüten und Blumen oder gar eine Rose zu pflücken und zu betrachten oder ins Haar zu tun; ein andrer besteigt ein Schiff und wagt sich aufs Meer, und wenn er Glück hat, kommt er zu den andern Menschen. Und keiner sorgt sich mehr um Winde oder Regenwetter. Ich aber gleiche einem selbstherrlichen Gebieter: Da darf keiner zum Himmel aufblicken, man muss voller Angst und Zittern die Nase ständig auf der Erde haben und manchmal ganze Tage in der Stube zubringen und noch zufrieden damit sein.«

»Darum sind auch die Menschen so froh, wenn sie dich loswerden«, versetzte der Frühling, »während sie bei mir schon den bloßen Namen schön finden, und es ist ja auch wahrhaftig der schönste aller Namen. Wenn ich nicht da bin, denken sie meiner, und wenn ich mich zeige, sind sie froh.«

WINTER, ADE!

T.: Hoffmann von Fallersleben

M.: trad.

2. Winter, ade! Scheiden tut weh.
Gehst du nicht bald nach Haus,
lacht dich der Kuckuck aus.
Winter, ade! Scheiden tut weh.

VORFRÜHLING

Otto Julius Bierbaum

Sieh da: Die Weide schon im Silberpelz,
Die Birken glänzen, ob auch ohne Laub,
In einem Lichte, das wie Frühling ist.
Der blaue Himmel zeigt türkisenblau
Ganz schmale Streifen, und ich weiß, das ist
Des jungen Jahres erster Farbenklang,
Die ferne Flöte der Beruhigung:
Die Liebe hat die Flügel schon gespannt,
Sie naht gelassenen Flügels himmelher,
Bald wird die Erde bräutlich heiter sein.

Nun Herz, sei wach und halte dich bereit
Dem holden Gaste, der mit Blumen kommt
Und Liebe atmet, wie die Blume Duft.
Sei wach und glaube: Liebe kommt zu dir,
Wenn du nur recht ergeben und getrost
Dich auftust wie ein Frühlingsblumenkelch.

SCHNEEGLÖCKCHEN

Hoffmann von Fallersleben

Schneeglöckchen, ei, du bist schon da?
Ist denn der Frühling schon so nah?
Wer lockte dich hervor ans Licht?
Trau' doch dem Sonnenscheine nicht!
Wohl gut er's eben heute meint,
Wer weiß, ob er dir morgen scheint?

»Ich warte nicht, bis Alles grün;
Wenn meine Zeit ist, muss ich blüh'n.
Der mich erschuf für diese Welt,
Heißt blüh'n mich, wann es ihm gefällt;
Er denkt bei Schnee und Kälte mein,
Wird stets mein lieber Vater sein.«

DAS SCHNEEGLÖCKCHEN

Hans Christian Andersen

Es war Winterszeit, die Luft kalt, der Wind scharf, aber im Hause war es warm und gemütlich, hinter Tür und Riegel lag die Blume, sie lag in ihrer Zwiebel unter Erde und Schnee.

Eines Tages fiel Regen; die Tropfen drangen durch die Schneedecke in die Erde hinab, berührten die Blumenzwiebel, sprachen von der lichten Welt oberhalb; bald drang der Sonnenstrahl fein und bohrend durch den Schnee zu der Zwiebel und stach sie ein wenig.

»Herein!«, sagte die Blume.

»Ich kann nicht!«, sagte der Sonnenstrahl. »Ich bin nicht stark genug, um aufzuschließen! Wenn es Sommer wird, werde ich stark!«

»Wann ist es Sommer?«, fragte die Blume und wiederholte diese Frage jedes Mal, wenn ein neuer Sonnenstrahl hinabdrang. Aber es war weit von der Sommerzeit entfernt; der Schnee lag noch, und in jeder Nacht fror das Wasser zu Eis.
»Wie das lange dauert! Wie das lange dauert!«, sagte die Blume. »Ich fühle ein Kribbeln und Krabbeln, ich muss mich recken, ich muss mich strecken, ich muss aufschließen, ich muss hinaus, muss dem Sommer ›guten Morgen‹ zunicken, das wird eine beglückende Zeit werden!«
Und die Blume reckte und streckte sich drinnen gegen die dünne Schale, die das Wasser von außen erweicht, Schnee und Erde erwärmt, der Sonnenstrahl berührt hatte; sie schoss unter dem Schnee empor, mit weiß-grüner Knospe auf grünem Stängel mit schmalen, dicken Blättern, die sie gleichsam beschützen wollten. Der Schnee war kalt, aber vom Licht durch-

strahlt, daher war es gar leicht, durch ihn durchzubrechen, und nun kam der Sonnenstrahl mit viel größerer Kraft als bisher.

»Willkommen! Willkommen!«, sang und klang jeder Strahl, und die Blume hob sich über den Schnee hinaus in die Lichtwelt. Die Sonnenstrahlen streichelten und küssten sie, dass sie sich ganz öffnete, weiß wie der Schnee und geschmückt mit grünen Streifen. Sie beugte ihren Kopf in Freude und Demut.

»Wunderschöne Blume«, sangen die Sonnenstrahlen. »Wie bist du frisch und zart! Du bist die erste, du bist die einzige! Du bist unsere Liebe! Du läutest Sommer, schönen Sommer über Land und Stadt. All der Schnee wird schmelzen! Die kalten Winde werden hinweggejagt! Wir werden herrschen! Alles wird grünen! Und dann wirst du Gesellschaft haben, Goldregen und Rosen, aber du bist die erste, so fein, so zart!«

Das war ein großes Vergnügen. Es war, als singe und klinge die Luft, als drängen die Strahlen des Lichts in die Blätter und den Stängel der Blume; da stand sie so fein und so leicht zu brechen und doch so kräftig in junger Schönheit; sie stand in weißem Kleid mit grünen Bändern da, sie machte Sommer. Aber es war noch weit bis zur Sommerzeit. Wolken verdeckten die Sonne, scharfe Winde bliesen.

»Du bist zu früh gekommen!«, sagten Wind und Wetter. »Wir haben noch die Macht, und du sollst sie empfinden und dich darein fügen! Du hättest hübsch zu Hause bleiben, nicht herauslaufen sollen und Staat machen, die Zeit ist noch nicht da!«

Es war eine schneidende Kälte! Die Tage, die da kamen, brachten nicht einen Sonnenstrahl! Es war ein Wetter zum Entzweifrieren für so eine kleine Blume. Aber sie besaß mehr Kraft, als sie selbst wusste; sie war stark in Freude und im Glauben an den Sommer, der da kommen musste, der ihr in ihrem tiefen Sehnen verkündet und von dem warmen Sonnenlicht bestätigt worden war, und so blieb sie denn auch mit Zuversicht in ihrer weißen Tracht im weißen Schnee stehen, ihr Haupt beugend, selbst während die Schneeflocken dicht und schwer herabfielen und die eisigen Winde über sie dahinfuhren.

»Du wirst brechen!«, sagten sie. »Verwelken, verwelken! Was wolltest du draußen? Weshalb ließest du dich verlocken, der Sonnenstrahl hat dich gefoppt! Jetzt hast du es danach, du Sommernärrin!«

»Sommernärrin!«, wiederholte sie in kalter Morgenstunde.

»Sommernärrin!«, jubelten einige Kinder, die in den Garten kamen. »Da steht eine, wie schön, wie schön, die erste, die einzige!«

Diese Worte taten der Blume so wohl, es waren Worte wie warme Sonnenstrahlen. Die Blume empfand es in ihrer Freude nicht einmal, dass man sie brach; sie lag in Kindeshand, wurde von Kindesmund geküsst, in die warme Stube getragen, von sanften Augen beschaut, ins Wasser gesteckt, wie stärkend, wie belebend! Die Blume glaubte, sie sei plötzlich tief in den Sommer hineingeraten.

Die Tochter des Hauses, ein schönes kleines Mädchen, war konfirmiert worden; sie hatte einen lieben Freund, und der war auch konfirmiert, er studierte für das Amtsexamen. »Der soll mein Sommernarr sein!«, sagte sie, nahm die feine Blume, legte sie in ein Stückchen duftendes Papier, auf das Verse geschrieben waren, Verse von der Blume, die mit Sommernarr begannen und mit Sommernarr endeten. »Mein Freund, sei Winternarr!« Sie hatte ihn mit dem

Sommer genarrt. Ja, das stand alles in dem Vers, wurde als Brief gefaltet – die Blume lag in dem Brief. Es war finster um sie her, finster wie damals, als sie in der Zwiebel lag. Die Blume ging auf die Reise, lag in der Posttasche, wurde geklemmt und gedrückt, was gar nicht angenehm war; aber das hatte auch ein Ende.

Die Reise war vorüber, der Brief wurde geöffnet und gelesen von dem lieben Freund; wie vergnügt war er, er küsste die Blume, und sie wurde, in ihrem Umschlag von Versen, in einen Kasten gelegt, in dem mehrere schöne Briefe, aber alle ohne Blumen lagen; sie war die erste, die einzige, wie die Sonnenstrahlen sie genannt hatten, und darüber nachzudenken war ein Vergnügen.

Man ließ ihr auch Zeit, darüber nachzudenken, sie dachte, während der Sommer verging und der lange Winter schwand, und es wurde wieder Sommer, als sie aufs Neue zum Vorschein kam. Aber nun war der junge Mann durchaus nicht erfreut, er fasste den Brief sehr unsanft an, warf den Vers hin, dass die Blume auf den Fußboden fiel. Flach und verwelkt war sie freilich, aber warum deshalb auf den Fußboden geworfen? Hier lag sie jedoch besser als im Feuer, dort gingen die Verse und Briefe in Flammen auf. Was war geschehen? Was so oft geschieht. Die Blume hatte ihn genarrt, das war ein Scherz; sie hatte sich während des Sommers einen anderen Freund erkoren.

Am nächsten Tag schien die Morgensonne hinein auf das kleine, flachgedrückte Schneeglöckchen, das so aussah, als sei es auf den Fußboden hingemalt. Das Dienstmädchen, welches das Zimmer auskehrte, hob es auf, legte es in eins der Bücher hinein, die auf dem Tisch lagen, und zwar in der Meinung, es müsse beim Aufräumen herausgefallen sein. Die Blume lag wieder zwischen Versen, gedruckten Versen, und sie sind vornehmer als die geschriebenen, wenigstens ist mehr Geld auf sie verwendet.
Darauf vergingen Jahre, das Buch stand auf dem Bücherbrett, dann wurde es einmal in die Hand genommen, man schlug es auf und las darin; es war ein gutes Buch, Verse und Lieder von dem alten dänischen Dichter Ambrosius Stub, die wohl zu lesen wert sind. Der Mann, der in dem Buch las, schlug ein Blatt um. »Da liegt ja eine Blume!«, sagte er. »Ein Schneeglöckchen, ein Sommernarr, ein Dichternarr! Die wird wohl mit Bedacht hier hereingelegt worden sein; armer Ambrosius Stub! Er kam seiner Zeit zu früh, und deshalb musste auch er die scharfen Winde kosten, als Gast bei den adeligen Gutsbesitzern umherwandern, als Blume im Wasserglase, Blume im gereimten Brief! Sommernarr, Winternarr, Spaß und Narrheit, und doch der erste, der einzige, der jugendfrische dänische Dichter von damals. Ja bleib du als Zeichen im Buch liegen, du kleines Schneeglöckchen, du bist mit Bedacht hineingelegt worden.«

Und das Schneeglöckchen wurde wieder ins Buch gelegt, es fühlte sich da geehrt und vergnügt zu wissen, dass es ein Zeichen war in dem prächtigen Liederbuch und dass derjenige, der zuerst von ihm gesungen und geschrieben hatte, auch ein Schneeglöckchen, ein Sommernarr, gewesen war, auch zur Winterzeit als Narr dagestanden hatte. Die Blume verstand das nun in ihrer Weise, wie wir ja auch jedes Ding in unserer Weise deuten.

Das ist das Märchen vom Schneeglöckchen.

HERR WINTER

Christian Morgenstern

Herr Winter,
geh hinter,
der Frühling kommt bald!
Das Eis ist geschwommen,
die Blümlein sind kommen
und grün wird der Wald.

Herr Winter,
geh hinter,
dein Reich ist vorbei.
Die Vögelein alle
mit jubelndem Schalle
verkünden den Mai.

FRÜHLINGSLIEDER

Theodor Fontane

Der Frühling hat des Winters Kette
Gelöst nach altem, gutem Brauch;
O dass er doch zerbrochen hätte
Die Ketten unsrer Freiheit auch.

Er nahm das weiße Totenlinnen,
Das die gestorbne Erde trug,
Und sieht die Fürsten weiter spinnen
An unsrer Freiheit Leichentuch.

Wird nie der Lenz der Freiheit kommen?
Und werden immer Schnee und Eis
Und nimmer Ketten uns genommen?
Es seufzt mein Herz: Wer weiß, wer weiß?!

Der Frühling kam, der Weltbefreier,
Die Erde lebt und grünt und blüht,
Am Himmel keine Wolkenschleier,
Und ohne Wolken das Gemüt.

Die Vögel und die Menschen singen,
Und wie die Lerche himmelwärts,
Will sich empor zur Gottheit schwingen
Im Dankgebet das Menschenherz.

O Herz! Es brach die Frühlingssonne
Des Winters Ketten wohl entzwei,
Wohl ziemt der Erde Dank und Wonne;
Doch bist auch du von Ketten frei?

DREI HASEN

Christian Morgenstern

Drei Hasen tanzen im Mondschein
im Wiesenwinkel am See:
Der eine ist ein Löwe,
der andre eine Möwe,
der dritte ist ein Reh.

Wer fragt, der ist gerichtet,
hier wird nicht kommentiert,
hier wird an sich gedichtet;
doch fühlst du dich verpflichtet,
erheb sie ins Geviert,
und füge dazu den Purzel
von einem Purzelbaum,
und zieh aus dem Ganzen die Wurzel
und träum den Extrakt als Traum.

Dann wirst du die Hasen sehen
im Wiesenwinkel am See,
wie sie auf silbernen Zehen
im Mond sich wunderlich drehen
als Löwe, Möwe und Reh.

FRÜHLINGSAHNUNG

Hoffmann von Fallersleben

Nun säuseln linde
Aus Westen die Winde.
Schon rieseln die Quellen
Ins Tal hernieder.
Die Knospen schwellen.

Nun lasset uns nicht länger bleiben zu Haus!
Wir wollen hinaus, ins Freie hinaus!

DIE WEIDENKÄTZCHEN

Christian Morgenstern

»Kätzchen, ihr der Weide,
Wie aus grauer Seide,
Wie aus grauem Samt!
O ihr Silberkätzchen,
Sagt mir doch, ihr Schätzchen,
Sagt, woher ihr stammt.«

»Wollen's gern dir sagen:
Wir sind ausgeschlagen
Aus dem Weidenbaum,
Haben winterüber
Drin geschlafen, Lieber,
In tieftiefem Traum.«

»In dem dürren Baume
In tieftiefem Traume
Habt geschlafen ihr?
In dem Holz, dem harten,
War, ihr Weichen, Zarten
Euer Nachtquartier?«

»Musst dich recht besinnen:
Was da träumte drinnen,
Waren wir noch nicht,
Wie wir jetzt im Kleide
Blühn von Samt und Seide
Hell im Sonnenlicht.

Nur als wie Gedanken
Lagen wir im schlanken
Grauen Baumgeäst;
Unsichtbare Geister,
Die der Weltbaumeister
Dort verweilen lässt.«

»Kätzchen, ihr der Weide,
Wie aus grauer Seide,
Wie aus grauem Samt!
O ihr Silberkätzchen,
Ja, nun weiß, ihr Schätzchen,
Ich, woher ihr stammt.«

FRÜHLINGS ANKUNFT

Trala, lala, der Frühling ist da!
Die Lämmer springen, die Vöglein singen:
Trala, lala, der Frühling ist da!

Der Winter, juchhei! der ist nun vorbei!
Wo ist er geblieben, wer hat ihn vertrieben?
Der fröhliche Mai, juchhei, juchhei.

Hinaus, hinaus! Wer bliebe zu Haus?
Wir wollen mit singen, wir wollen mit springen.
Hinaus, hinaus ins grünende Haus.

AUS KINDERZEITEN

Hermann Hesse

Der ferne braune Wald hat seit wenigen Tagen einen heiteren Schimmer von jungem Grün; am Lettensteg fand ich heute die erste halberschlossene Primelblüte; am feuchten klaren Himmel träumten die sanften Aprilwolken, und die weiten, kaum gepflügten Äcker sind so glänzend braun und breiten sich der lauen Luft so verlangend entgegen, als hätten sie Sehnsucht, zu empfangen und zu treiben und ihre stummen Kräfte in tausend grünen Keimen und aufstrebenden Halmen zu erproben, zu fühlen und wegzuschenken.

Alles wartet, alles bereitet sich vor, alles träumt und sprosst in einem feinen, zärtlich drängenden Werdefieber – der Keim der Sonne, die Wolke dem Acker, das junge Gras den Lüften entgegen.

Von Jahr zu Jahr steh ich um diese Zeit mit Ungeduld und Sehnsucht auf der Lauer, als müsste ein besonderer Augenblick mir das Wunder der Neugeburt erschließen, als müsse es geschehen, dass ich einmal, eine Stunde lang, die Offenbarung der Kraft und der Schönheit ganz sehe und begriffe und miterlebte, wie das Leben lachend aus der Erde springt und junge große Augen zum Licht aufschlägt. Jahr für Jahr auch tönt und duftet das Wunder an mir vorbei, geliebt und angebetet – und unverstanden; es ist da, und ich sah es nicht kommen, ich sah nicht die Hülle des Keimes brechen und den ersten zarten Quell im Licht zittern.

Blumen stehen plötzlich allerorten, Bäume glänzen mit lichtem Laube oder mit schaumig weißer Brust, und Vögel werfen sich jubelnd in schönen Bogen durch die warme Bläue. Das Wunder ist erfüllt, ob ich es auch nicht gesehen habe, Wälder wölben sich, und ferne Gipfel rufen, und es ist Zeit, Stiefel und Tasche, Angelstock und Ruderzeug zu rüsten und sich mit allen Sinnen des jungen Jahres zu freuen, das jedes Mal schöner ist, als es jemals war, und das jedes Mal eiliger zu schreiten scheint. – Wie lang, wie uner-

schöpflich lang ist ein Frühling vorzeiten gewesen, als ich noch ein Knabe war!

Und wenn die Stunde es gönnt und mein Herz guter Dinge ist, leg ich mich lang ins feuchte Gras oder klettere den nächsten tüchtigen Stamm hinan, wiege mich im Geäste, rieche den Knospenduft und das frische Harz, sehe Zweigenetz und Grün und Blau sich über mir verwirren und trete traumwandelnd als ein stiller Gast in den seligen Garten meiner Knabenzeit. Das gelingt so selten und ist so köstlich, einmal wieder sich dort hinüberzuschwingen und die klare Morgenluft der ersten Jugend zu atmen und noch einmal, für Augenblicke, die Welt so zu sehen, wie sie aus Gottes Händen kam und wie wir alle sie in Kinder-

zeiten gesehen haben, da in uns selber das Wunder der Kraft und der Schönheit sich entfaltete.
Da stiegen die Bäume so freudig und trotzig in die Lüfte, da spross im Garten Narziss und Hyazinth so glanzvoll schön; und die Menschen, die wir noch so wenig kannten, begegneten uns zart und gütig, weil sie auf unserer glatten Stirn noch den Hauch des Göttlichen fühlten, von dem wir nichts wussten und das uns ungewollt und ungewusst im Drang des Wachsens abhanden kam.
Was war ich für ein wilder und ungebändigter Bub, wie viel Sorgen hat der Vater von klein auf um mich gehabt und wie viel Angst und Seufzer die Mutter! – Und doch lag auch auf meiner Stirne Gottes Glanz, und was ich ansah, war schön und lebendig, und in meinen Gedanken und Träumen, auch wenn sie gar nicht frommer Art waren, gingen Engel und Wunder und Märchen geschwisterlich aus und ein.

FEBRUAR BIS MAI

Theodor Storm

Februar

Im Winde wehn die Lindenzweige,
Von roten Knospen übersäumt;
Die Wiegen sind's, worin der Frühling
Die schlimme Winterzeit verträumt.

März

Und aus der Erde schauet nur
Alleine noch Schneeglöckchen;
So kalt, so kalt ist noch die Flur,
Es friert im weißen Röckchen.

April

Das ist die Drossel, die da schlägt,
Der Frühling, der mein Herz bewegt;
Ich fühle, die sich hold bezeigen,
Die Geister aus der Erde steigen.
Das Leben fließet wie ein Traum –
Mir ist wie Blume, Blatt und Baum.

Mai

Die Kinder schreien »Vivat hoch!«
In die blaue Luft hinein;
Den Frühling setzen sie auf den Thron,
Der soll ihr König sein.

Die Kinder haben die Veilchen gepflückt,
All, all, die da blühten am Mühlengraben.
Der Lenz ist da; sie wollen ihn fest
In ihren kleinen Fäusten haben.

FRÜHLINGSERWACHEN

Adalbert Stifter

Auf einem schönen grünen Platze, der bergan steigt, wo Bäume stehen und Nachtigallen schlagen, gingen mehrere Jünglinge in dem Brausen und Schäumen ihres jungen, kaum erst beginnenden Lebens. Eine glänzende Landschaft war rings um sie geworfen. Wolkenschatten flogen, und unten in der Ebene blickten die Türme und Häuserlasten einer großen Stadt.

Einer von ihnen rief die Worte: »Es ist nun für alle Ewigkeit ganz gewiss, dass ich nie heiraten werde.«

Es war ein schlanker Jüngling mit sanften, schmachtenden Augen, der dieses gesagt hatte. Die andern achteten nicht sonderlich darauf, mehrere lachten, knickten Zweige, bewarfen sich und schritten weiter.

»Ha, wer wird denn heiraten«, sagte einer, »die lächerlichen Bande eines Weibes tragen und wie der Vogel auf den Stangen eines Käfigs sitzen?«

»Ja, du Narr, aber tanzen, verliebt sein, sich schämen, rot werden, gelt?«, rief ein dritter, und es erschallte wieder Gelächter.

»Dich nähme ohnehin keine.«

»Dich auch nicht.«

»Was liegt daran?«

Die nächsten Worte waren nicht mehr verständlich. Es kam noch durch die Stämme der Bäume ein lustiges Rufen zurück und dann nichts mehr; denn die Jünglinge gingen bereits auf der schiefen Fläche, die sich von dem Platze wegzieht, empor und setzten die Gebüsche der Fläche in Bewegung. Rüstig schritten sie in der funkelnden Sonne hinan, ringsum sind grüne Zweige, und auf ihren Wangen und in ihren Augen leuchtet die ganze unerschütterliche Zuversicht in die Welt. Um sie herum liegt der Frühling, der ebenso unerfahren und unersichtlich ist wie sie. Der Jüngling, aus dessen Munde der Entschluss der Nichtvermählung hervorgegangen war, hatte in der Sache nichts mehr gesprochen, und sie war vergessen.

Ein neues Geplauder und ein fröhliches Sprechen tanzten von den beweglichen Zungen. Sie redeten zuerst von allem und oft alle zugleich. Dann redeten sie von dem Höchsten, und dann von dem Tiefsten und haben beides schnell erschöpft. Dann kommt der Staat. Es wird in ihm die unendliche Freiheit vorgeschlagen, die größte Gerechtigkeit und unbeschränkteste Duldsamkeit. Wer gegen dieses ist, wird niedergeworfen und besiegt. Der Landesfeind muss zerschmettert werden, und von dem Haupte der Helden leuchtet dann der Ruhm. Während sie so, wie sie meinten, von dem Großen redeten, geschieht um sie her, wie sie ebenfalls meinten, nur das Kleine; es grünen weithin die Büsche, es keimt die brütende Erde und beginnt mit ihren ersten Frühlingstierchen wie mit Juwelen zu spielen.

Hierauf singen sie ein Lied, dann jagen sie sich, stoßen sich gegenseitig in den Hohlweg oder ins Gebüsch, schneiden Ruten und Stäbe und kommen dabei immer höher auf den Berg und über die Wohnungen der Menschen.

Wir müssen hier bemerken: Welch ein rätselhaftes, unbeschreibliches, geheimnisreiches, lockendes Ding ist die Zukunft, wenn wir noch nicht in ihr sind – wie schnell und unbegriffen rauscht sie als Gegenwart davon – und wie klar, verbraucht und wesenlos liegt sie dann als Vergangenheit da! Alle diese Jünglinge stürmen schon in sie hinein, als könnten sie dieselbe gar nicht erwarten. Der eine prahlt mit Dingen und Genüssen, die über seine Jahre gehen, der andere tut langweilig, als hätte er alles schon erschöpft, und der dritte redet Worte, die er bei seinem Vater Männer und Greise hatte reden gehört. Dann haschen sie nach einem vorüberflatternden Schmetterlinge und finden auf dem Wege einen bunten Stein.

Immer höher streben sie hinauf. Oben an dem Waldesrande schauen sie auf die Stadt zurück. Sie sehen allerlei Häuser und Gebäude und wetten, ob sie es sind oder nicht. Dann dringen sie in die Schatten der Buchen hinein.

Der Wald geht fast mit ebenem Boden dahin. Jenseits desselben aber steigen glänzende Wiesen mit einzelnen Fruchtbäumen besetzt in ein Tal hinab, das still und heimlich um die Bergeswölbungen läuft und von diesen Bergen zwei spiegelhelle dahinschießende Bäche empfängt. Die Wasser rieseln lustig über die geglätteten Kiesel, an dichten Obstwäldern, Gartenplanken und Häusern vorbei und von dort wieder in die Weinberge hinaus. Alles dieses ist so stille, dass man in mancher klaren Nachmittagsluft weithin den Hahn krähen hört oder den einzelnen Glockenschlag vernimmt, der von dem Turme der Kirche fällt. Selten besucht ein Städter das Tal, und noch keiner hat in demselben seine Sommerwohnung aufgeschlagen.

Unsere Freunde aber laufen mehr, als sie gehen, über die Wiese in die sanft geschwungene Wiege hinab.

Lärmend kommen sie an den Gartengehegen herunter, schreiten über den ersten Steg, über den zweiten, gehen dem Wasser entlang und dringen endlich in einen Garten hinein, der von Flieder, Nussbäumen und Linden strotzt. Es ist der Garten eines Gasthauses. Hier umringen sie einen der Tische, wie sie mit den Füßen im Grase stecken, aufgenagelte Platten haben und auf den Platten eingeschnittene Herzen und Namen von denen zeigen, die vorlängst an dem Ti-

sche gesessen waren. Sie bestellten sich ein Mittagessen, und zwar ein jeder dasjenige, was er wollte. Als sie es verzehret hatten, spielten sie eine Weile mit einem Pudel, der sich in dem Garten vorfand, zahlten und gingen dann fort. Sie gingen durch die Mündung des Tales in ein anderes, breiteres hinaus, in welchem ein Strom fließt. An dem Strome nahmen sie ein angebundenes Schiffchen und fuhren an einer bekannt gefährlichen Stelle über, ohne dass sie es wussten. Zufällig vorübergehende Frauen erschraken sehr, als sie die jungen Leute da fahren sahen. Jenseits des Stromes dingten sie einen Mann, der den Kahn wieder zurückführen und an der Stelle anbinden sollte, wo sie ihn genommen hatten.

Dann drangen sie durch Röhrichte und Auen vor, bis sie zu einem Damme gelangten, auf dem eine Straße lief und ein Wirtshaus stand. Bei dem Wirte mieteten sie einen offenen Wagen, um nun jenseits des Stromes in die Stadt zurückzufahren. Sie flogen an Auen, Gebüschen, Feldern, Anlagen, Gärten und Häusern vorbei, bis sie die ersten Gebäude der Vorstädte erreichten und abstiegen. Als sie ankamen, lag die Sonne, die sie heute so freundlich den ganzen Tag begleitet hatte, weit draußen am Himmel als glühende, erlöschende Kugel. Da sie untergesunken war, sahen die Freunde die Berge, auf welchen sie heute ihre Morgenfreuden genossen hatten, als einfaches blaues Band gegen den gelben Abendhimmel emporstehen.

Sie gingen nun gegen die Stadt und deren staubige, bereits dämmernde Gassen. An einem bestimmten Platze trennten sie sich und riefen einander fröhlichen Abschied zu ...

Als das erste blasse Licht des andern Tages leuchtete, ging Viktor schon in den noch öden Gassen der Stadt dahin, dass seine Tritte hallten. Es war anfänglich noch kein Mensch zu erblicken; dann begegnete ihm manche verdrießliche, verschlafene Gestalt, die zu früher Arbeit musste; und ein beginnendes fernes Wagenrasseln zeigte, dass man schon anfange, Lebensmittel in die große, bedürfende Stadt zu führen. Er strebte dem Stadttore zu. Außer demselben wurde er von dem kühlen, feuchten Grün der Felder empfangen. Der erste Sonnenrand zeigte sich am Erdsaume, und die Spitzen der nassen Gräser hatten rotes und grünes Feuer. Die Lerchen wirbelten freudig in der Luft, während die nahe Stadt, die sonst so lärmte, fast noch völlig stumm war.

Als er sich außer den Mauern fühlte, schlug er sogleich einen Weg durch die Felder gegen jenen grünen Baumplatz ein, von welchem wir sagten, dass gestern dort die Nachtigallen geschlagen und die Jünglinge gescherzt hatten. Er erreichte ihn nach einer nicht ganz zweistündigen Wanderung. Von da machte er den nämlichen Weg wie gestern mit den Freunden. Er stieg die schiefe Berglehne mit den Gebüschen hinan, er kam an den Rand des Waldes, sah sich da nicht um, drang unter die Bäume ein, eilte fort und stieg dann über die Wiese mit den Fruchtbäumen in das Tal hinab, von dem wir sagten, dass es so stille ist und dass in demselben die zwei spiegelnden Bäche rinnen.

Als er in dem Grunde des Tales angekommen war, ging er über den ersten Steg, nur dass er heute, gleichsam wie zur Begrüßung, ein wenig auf die glänzenden Kiesel hinabsah, über welche das Wasser dahinrollte. Dann ging er über den zweiten Steg und ging an dem Wasser dahin. Aber er ging heute nicht bis zu dem Gasthausgarten, in welchem sie gestern gegessen hatten, sondern viel früher bog er an einer Stelle, wo ein großer Fliederbusch stand, der seine Äste und Wurzeln mit dem Wasser spielen ließ, von dem Wege ab und ging in den Flieder und das Gebüsche hinein. Dort war eine aschgraue Gartenplanke, die ihre Farbe von den unzähligen Regen und Sonnenstrahlen erhalten hatte, und in der Planke war ein kleines Türchen. Das Türchen öffnete Viktor und ging hinein. Es war wie ein Gartenplatz hier, und etwa ferner auf dem Platze blickte die lange weiße Wand eines niederen Hauses, sich sanft von Holundergesträuchen und Obstbäumen abhebend, herüber. Das Haus hatte glänzende Fenster, und hinter denselben hingen ruhige, weiße Vorhänge nieder.

Viktor ging an dem Gebüschrande gegen die Wohnung zu. Als er auf den freien Sandplatz vor dem

Hause gekommen war, auf dem der Brunnen stand und ein bejahrter Apfelbaum war, an den sich wieder Stangen und allerlei andere Dinge lehnten, wurde er von einem alten Spitz angewedelt und begrüßt. Die Hühner, ebenfalls freundliche Umwohner des Hauses, scharrten unter dem Apfelbaume unbeirrt fort. Er ging in das Haus hinein und über den knisternden Flursand in die Stube, aus welcher ein reiner, gebohnerter Fußboden heraussah.

In der Stube war bloß eine alte Frau, die gerade ein Fenster geöffnet hatte und damit beschäftigt war, von den weißgescheuerten Tischen, Stühlen und Schreinen den Staub abzuwischen und die Dinge, die sich etwa gestern Abend verschoben hatten, wieder zurechtzustellen. Durch das Geräusch des Hereintretenden von ihrer Arbeit abgelenkt, wendete sie ihr Antlitz gegen ihn. Es war eines jener schönen alten Frauenantlitze, die so selten sind. Ruhige, sanfte Farben waren auf ihm, und jedes der unzähligen kleinen Fältchen war eine Güte und eine Freundlichkeit. Um alle diese Fältchen waren hier noch die unendlich vielen andern einer schneeweißen gekrauseten Haube. Auf jeder der Wangen saß ein kleines feines Fleckchen Rot.

»Schau, du bist schon da, Viktor«, sagte sie, »ich habe auch die Milch wieder vergessen, dass ich sie warm gehalten hätte. Es steht wohl alles an dem Feuer, aber dasselbe wird ausgegangen sein. Warte, ich will es wieder anblasen.«

»Ich bin nicht hungrig, Mutter«, sagte Viktor, »denn ich habe bei Ferdinand, ehe ich fortging, zwei Schnitten Kaltes von dem gestrigen Abendmahle, das noch dastand, gegessen.«
»Du musst aber hungrig sein«, antwortete die Frau, »weil du schon bei vier Stunden in der Morgenluft und dann durch den feuchten Wald gegangen bist.«
»So weit ist es ja nicht über die Turnwiese herüber.«
»Ja, weil du immer läufst und meinst, die Füße dauern ewig – aber sie dauern nicht ewig – und im Gehen merkst du auch die Müdigkeit nicht, aber wenn du eine Weile sitzest, dann schmerzen die Füße.«
Sie sagte nichts weiter und ging in die Küche hinaus.
Viktor setzte sich indessen auf einen Stuhl nieder.
Als sie wieder hereingekommen war, sagte sie: »Bist du müde?«
»Nein«, antwortete er.
»Du wirst wohl müde sein – freilich müde – warte nur, warte ein wenig, es wird gleich alles warm sein.«
Viktor antwortete nicht darauf, sondern tief niedergebückt gegen den Spitz, der mit ihm hereingegangen war, strich er mit der flachen Hand über die weichen, langen Haare desselben, der sich ebenfalls liebkosend an dem Jünglinge aufgerichtet hatte und beständig in seine Augen schaute – er strich immer an der nämlichen Stelle und blickte auch immer auf diese nämliche Stelle, als wäre eine recht schwere, tiefe Bewegung in seinem Herzen.

NEUER FRÜHLING

Theodor Storm

Der liebe Frühling kommt mit hellem Klange
Und streuet seinen Schmelz auf Hain und Triften;
Viel tausend Vögel wiegen sich in Lüften
Und feiern ihn mit lautem Freudensange. –

Auch du, mein Herz, ihn freundlich zu empfangen,
Aus starrer Trauer musst du dich erheben!
Was willst du noch der alten Liebe leben,
Da rings umher nur frische Rosen prangen.

Und konnt im Lenz die alte Lieb verglühen,
So mag die Trauer mit dem Winter schwinden;
Im neuen Lenz wird neue Lieb erblühen.

Es sind ja Blumen noch genug zu finden,
Der ganzen Flur ist neuer Schmuck verliehen!
Drum will auch ich aufs neu mir Kränze winden!

AN DEN FRÜHLING

Friedrich von Schiller

Willkommen, schöner Jüngling!
Du Wonne der Natur!
Mit deinem Blumenkörbchen
Willkommen auf der Flur!

Ei! ei! da bist ja wieder!
Und bist so lieb und schön!
Und freun wir uns so herzlich,
Entgegen dir zu gehn.

Denkst auch noch an mein Mädchen?
Ei, Lieber, denke doch!
Dort liebte mich das Mädchen,
Und's Mädchen liebt mich noch!

Fürs Mädchen manches Blümchen
Erbat ich mir von dir.
Ich komm' und bitte wieder,
Und du? – du gibst es mir?

Willkommen, schöner Jüngling!
Du Wonne der Natur!
Mit deinem Blumenkörbchen
Willkommen auf der Flur!

WARUM DER MÄRZ EINUNDDREIßIG TAGE HAT

Anonym

An einem Frühlingsmorgen zog ein Hirte mit seiner Herde aus. Unterwegs begegnete ihm der März: »Na, wo geht's denn heute hin?«

»In die Berge.«

»Gute Reise!«

An diesem Tag ergoss sich ein schweres Unwetter übers Gebirge. Eine wahre Sintflut. Am Abend auf dem Rückweg fragte der März den Hirten: »Wie war's den heute?«

»Ein wunderschöner Tag. Ich bin auf der Ebene gewesen. Die Sonne hat nur so gebrannt.«

»Und morgen?«

»Natürlich wieder ins Flachland. Alles andere wäre doch eine Dummheit. Bei dem herrlichen Wetter.«

»Recht so. Auf Wiedersehen.«

Der Hirte zieht in die Berge. Der März aber schickt Regen, Sturm und Hagelschlag über die Ebene. Ein wirkliches Strafgericht.

Am Abend kommt man wieder zusammen. »Wie ist's dir diesmal gegangen?«, will der März wissen.

»Einfach großartig. Da drinnen im Gebirge. Welch ein Himmel, welch eine Sonne!«

»Und morgen?«
»Aufs flache Land. Nicht so weit von zu Hause weg. Ich habe Gewitterwolken über den Bergen gesehen.«
»Da tust du gut dran.«
Mit einem Wort: Der Hirte macht immer genau das Gegenteil von dem, was er sagt, und der März kann ihm nicht am Zeug flicken. Am Ende des Monats sagt der März zu ihm: »Wie steht's nun mit dir?«
»Ganz ausgezeichnet. Der Monat ist um, und ich kann ruhig schlafen.«
»Und morgen?«
»Munter hinaus in die Ebene. Das ist nicht so beschwerlich und geht schneller.«
»Auf Wiedersehen.«
Der März läuft Hals über Kopf zu seinem Bruder, dem April. Von ihm borgt er sich einen Tag aus.
Am nächsten Morgen zieht der Hirte mit seiner Herde los. Doch kaum haben sich die Schafe über die Weiden zerstreut, da bricht das Verhängnis herein. Sturm, Schnee und Hagelschlag setzen ein, und der gute Hirte hat alle Hände voll zu tun, seine Schützlinge in Sicherheit zu bringen. Am Abend kommt der März zum Hirten, der müde und niedergeschlagen am Feuer sitzt: »Guten Abend, Hirte.«
»Guten Abend, März.«
»Wie hast du's denn heute getroffen?«
»Hör mir bloß auf davon. Schlimmer war es als mitten im kältesten Januar. Als ob sämtliche Höllenteu-

fel los wären. Das reicht unsereinem fürs ganze Jahr. Wenn ich an meine armen Schafe denke.«
So kommt es, dass der März einunddreißig Tage hat, weil er noch einen für den Hirten brauchte, den er sich vom April ausleihen musste. Der aber fehlt demselbigen gerade.

FRÜHLINGSGLAUBE

Ludwig Uhland

Die linden Lüfte sind erwacht,
Sie säuseln und weben Tag und Nacht,
Sie schaffen an allen Enden.
O frischer Duft, o neuer Klang!
Nun, armes Herze, sei nicht bang!
Nun muss sich alles, alles wenden.

Die Welt wird schöner mit jedem Tag,
Man weiß nicht, was noch werden mag,
Das Blühen will nicht enden.
Es blüht das fernste, tiefste Tal:
Nun, armes Herz, vergiss der Qual!
Nun muss sich alles, alles wenden.

ALLE VÖGEL SIND SCHON DA

T.: Hoffmann von Fallersleben

M.: Volkslied aus Schlesien

2. Wie sie alle lustig sind, flink und froh sich regen!
Amsel, Drossel, Fink und Star
und die ganze Vogelschar
wünschen Dir ein frohes Jahr, lauter Heil und Segen.

3. Was sie uns verkünden nun, nehmen wir zu Herzen:
Wir auch wollen lustig sein, lustig wie die Vögelein,
hier und dort, feldaus, feldein,
singen, springen, scherzen.

DER FRÜHLING HAT SICH EINGESTELLT

T.: Hoffmann von Fallersleben

M.: J. Friedrich Reichardt

2. Er hielt im Walde sich versteckt,
dass niemand ihn mehr sah;
ein Vöglein hat ihn aufgeweckt.
Jetzt ist er wieder da.

3. Jetzt ist der Frühling wieder da;
ihm folgt, wohin er zieht,
nur lauter Freude fern und nah
und lauter Spiel und Lied.

4. Uns allen hat er, groß und klein,
was Schönes mitgebracht,
und sollt's auch nur ein Sträußchen sein,
er hat an uns gedacht.

5. Drum frisch hinaus ins freie Feld,
ins grüne Feld hinaus!
Der Frühling hat sich eingestellt,
wer bliebe da zu Haus?

SPATZ UND SCHWALBEN

Wilhelm Busch

Es grünte allenthalben.
Der Frühling wurde wach.
Bald flogen auch die Schwalben
Hell zwitschernd um das Dach.

Sie sangen unermüdlich
Und bauten außerdem
Am Giebel, rund und niedlich
Ihr Nest aus feuchtem Lehm.

Und als sie eine Woche
Sich redlich abgequält,
Hat nur am Eingangsloche
Ein Stückchen noch gefehlt.

Da nahm der Spatz, der Schlingel,
Die Wohnung in Besitz.
Jetzt hängt ein Strohgeklüngel
Hervor aus ihrem Schlitz.

Nicht schön ist dies Gebaren
Und wenig ehrenwert
Von einem, der seit Jahren
Mit Menschen viel verkehrt.

ICH BEKOMME EIN LÄMMCHEN

Astrid Lindgren

Am lustigsten ist es vielleicht im Frühling. Inga und ich versuchen immer herauszufinden, wann es am lustigsten ist. Inga findet, es ist im Sommer am lustigsten, und ich finde, es ist im Frühling am lustigsten. Und dann natürlich zu Weihnachten – das findet Inga auch.

Nun will ich etwas erzählen, was im Frühling geschah. Wir haben sehr viele Schafe hier in Bullerbü, und die bekommen jedes Jahr Lämmchen. Lämmchen sind das Niedlichste, was es gibt. Sie sind niedlicher als Kätzchen und junge Hunde und Schweinchen. Ich finde, sie sind beinahe noch niedlicher als Kerstin – aber das wage ich nicht zu sagen, wenn Ole in der Nähe ist.

Während der Zeit, in der die Schafe ihre Lämmchen bekommen, laufen wir jeden Morgen zum Schafstall, um zu sehen, wie viele Lämmchen während der Nacht hinzugekommen sind. Wenn man die Tür zum Schafstall öffnet, blöken alle Schafe, sosehr sie nur können. Die Lämmchen blöken zart und fein und nicht so dumpf wie die Mutterschafe und die Widder. Fast jedes Mutterschaf bekommt zwei Lämmchen.

An einem Sonntagmorgen, als ich in den Schafstall hinunterkam, sah ich ein Lämmchen tot im Stroh liegen. Ich lief sofort zu Vati und erzählte es ihm. Und er kam mit und sah nach, warum das Lämmchen tot war. Es war gestorben, weil das Mutterschaf keine Milch im Euter gehabt hatte. Das arme kleine Lämmchen! Es hatte sterben müssen, weil es nicht genügend zu essen bekommen hatte. Ich setzte mich auf die Schwelle zum Schafstall und weinte. Bald kam auch Inga und bekam alles zu hören, und da weinte sie auch.

»Ich will nicht, dass Lämmchen sterben müssen!«, sagte ich zu Vati.

»Das will doch niemand«, sagte Vati. »Aber hier ist noch ein Lämmchen, das wohl sterben muss.«

Er zeigte auf ein kleines Lämmchen, das ganz elend in seinem Arm lag. Es war der Bruder des toten Lämmchens. Es konnte natürlich auch keine Milch von seiner Mutter bekommen. Und Milch ist das Einzige, was neugeborene Lämmchen vertragen können. Deshalb sagte Vati jetzt auch, dass wir das Brüderchen des toten Lämmchens schlachten müssten, damit es nicht auch verhungere. Als wir das hörten, weinten Inga und ich noch mehr. Wir weinten ganz jämmerlich.

»Ich will nicht, dass Lämmchen sterben müssen«, schrie ich und warf mich auf die Erde.

Da hob Vati mich auf und sagte:

»Weine nicht, Lisa!« Und dann sagte er: »Du könntest ja versuchen, dies kleine Lämmchen mit der Flasche aufzuziehen. Genau wie ein Wickelkind.«

Oh, wie wurde ich froh – ich glaube nicht, dass ich jemals so froh gewesen bin. Ich hatte gar nicht gewusst, dass man Lämmchen füttern kann wie Wickelkinder. Vati sagte, ich solle nicht allzu sicher sein, dass es mir gelingen würde. Er glaubte, das Lämmchen würde trotzdem sterben, aber er wollte es mich immerhin versuchen lassen.

Inga und ich liefen zu Tante Lisa. Oles Mutti gab uns eine Flasche mit einem Sauger. Als Kerstin noch ganz klein gewesen war, hatte sie damit ihre Milch bekommen. Dann liefen wir wieder zu Vati. »Vati, könnten wir dem armen Lämmchen nicht etwas Sahne zu trinken geben?«, fragte ich.

Aber da sagte Vati, wenn ich dem Lämmchen Sahne gäbe, würde es bestimmt krank werden. Sein Magen könnte nur Milch vertragen, die mit Wasser verdünnt sei. Vati half mir die Milch verdünnen, und dann wärmten wir die Flasche in heißem Wasser. Und dann steckte ich dem Lämmchen den Sauger ins Mäulchen. Und, stellt euch vor, es begann sofort zu saugen. Man konnte sehen, wie hungrig es war.

»Jaja, nun bist du die Pflegemutter dieses Lämmchens«, sagte Vati. »Aber es muss von früh bis spät zu essen bekommen. Du darfst also nicht die Lust verlieren.«

Inga sagte, wenn ich die Lust verlieren sollte, brauchte ich ihr nur Bescheid zu sagen, sie würde dann das Lämmchen sehr gern für mich füttern. Aber ich sag-

te: »Haha, du glaubst doch wohl nicht, dass man die Lust verliert, Lämmchen zu füttern?«
Ich taufte das Lämmchen Pontus, und Vati sagte, es sei nun mein eigenes Lämmchen. Es war ein Glück, dass alles geklärt war, bevor Lasse und Bosse an diesem Sonntagmorgen aufwachten, sonst hätte es bestimmt noch wegen Pontus Krach gegeben, glaube ich.
»Dass man sich an einem Sonntag nicht einmal richtig ausschlafen kann, ohne dass Lisa gleich ein Lämmchen bekommt«, brummte Lasse und war schon ein wenig böse, weil nicht er es gewesen war, der Pontus bekommen hatte.
In der ersten Zeit waren immer alle Kinder aus Bullerbü dabei, wenn ich Pontus fütterte. Aber bald blieben sie weg.
Es ist merkwürdig, wie hungrig Lämmchen sind. Mir scheint, sie sind fast immer hungrig. Jeden Morgen, bevor ich zur Schule ging, rannte ich zum Schafstall und gab Pontus zu trinken. Sobald er mich sah, kam er angelaufen und wackelte mit seinem kleinen kurzen Stummelschwanz und blökte so süß. Er war vollkommen weiß, aber auf der Nase hatte er einen kleinen schwarzen Fleck; man konnte ihn also gut von den anderen Lämmchen unterscheiden. Wenn ich in der Schule war, gab Agda ihm die Flasche. Aber sobald ich wieder zu Hause war, musste ich ihm eine neue Mahlzeit geben. Und spät am Abend musste Pon-

tus wieder etwas haben. Einmal bat ich Inga, Pontus zu füttern, aber da sagte sie: »Morgen! Heute habe ich keine Zeit.« Aber ich hatte Vati versprochen, Pontus zu füttern und die Lust nicht zu verlieren – und ich verlor sie nicht und fütterte ihn. Ich hatte Pontus doch so schrecklich gern. Am liebsten mochte ich ihn, wenn er sich so freute, mich zu sehen. Pontus dachte sicher, ich sei seine richtige Mutter. Ich fragte Lasse und Bosse, ob sie nicht auch glaubten, dass Pontus glaube, ich sei seine richtige Mutter, und Lasse sagte: »Sicher glaubt er das. Du siehst doch genauso aus wie ein Schaf.«

Eines schönen Tages sagte Vati zu mir, ich müsse Pontus beibringen, seine Milch aus einer Schüssel zu trinken. Pontus könne ja schließlich seine Milch nicht aus der Flasche trinken, bis er ein großer Widder sei.

Armer Pontus! Er konnte einfach nicht begreifen, warum ich plötzlich ankam und ihm eine Schüssel vor die Nase setzte. Er wusste nicht, wie er es anstellen sollte zu trinken. Er schnupperte an mir herum, suchte die Flasche und blökte kläglich.

Bosse war dabei und sah zu.

»Trink schon die Milch«, sagte er zu Pontus. »Sei nicht so dumm, du brauchst doch nur anzufangen zu trinken.« Ich wurde sehr böse auf Bosse.

»Pontus ist gewiss nicht dumm«, sagte ich. »Du hast keine Ahnung von Lämmchen.«

Aber Pontus schnupperte nur an der Milch herum und blökte kläglich.
Auf jeden Fall verstehe ich mich besser auf Lämmchen als Bosse. Denn ich fand den Kniff! Ich steckte meine Hand in die Milch. Und denkt nur, da begann Pontus, an meinen Fingern zu saugen. Er saugte und saugte und schlürfte auf diese Weise die ganze Milch in sich hinein. Etwas verkleckerte er natürlich. Von diesem Tage an saugte Pontus immer an meinen Fingern und trank so seine Milch. Aber eines Morgens, als er so richtig, richtig hungrig war, konnte er nicht abwarten, bis ich meine Hand in die Milch getaucht hatte. Er fing einfach an, allein zu trinken. Und es ging großartig. Danach brauchte er niemals mehr an meinen Fingern zu saugen. Das war eigentlich schade, denn er war so lieb, wenn er dastand und saugte.
Als es im Frühling wärmer wurde, ließ man die Lämmer auf unsere Weide. Die Lämmchen sollten lernen, Gras zu fressen. Milch mussten sie aber immer noch bekommen. Nun ging ich also jeden Tag mit meiner Milchschüssel zur Schafweide hinaus. Wenn ich an den Zaun kam, brauchte ich mich nur hinzustellen und laut »Pontus« zu rufen. Dann hörte man ein zartes Blöken weit hinten auf der Weide, und dann kam Pontus in voller Fahrt angesetzt, und sein kleines Stummelschwänzchen wackelte hin und her.
Jetzt ist Pontus so groß geworden, dass er keine Milch mehr bekommt. Er frisst Gras und knabbert Blätter

und ist sehr brav und wird sicherlich noch ein großer und prächtiger Widder.

Wer weiß, vielleicht bekomme ich noch öfter in meinem Leben Lämmchen. Oder vielleicht Hunde oder Katzen oder Kaninchen. Aber nichts so Süßes wie Pontus. Nie, nie, niemals werde ich ein Tier so lieben, wie ich Pontus liebe.

ES WIRD FRÜHLING

Søren Kierkegaard

Die Vögel kommen
in ganzen Schwärmen,
um dich zu erfreuen.
Das junge Grün sprießt
und der Wald wächst schön
und steht wie eine Braut da,
um dir Freude zu schenken.

Du bist geschaffen. Du bist da.
Du bekommst heute
das zum Dasein Nötige.
Du wurdest erschaffen.
Du wurdest Mensch.

Du kannst sehen,
bedenke: Du kannst sehen,
du kannst hören, du kannst
riechen, schmecken, fühlen.

FRÜHLINGSLUST

Es grünet und duftet der Hain,
Die Luft ist belebend und rein;
Schon hüpfen auf der Weide
Die Schäfchen vor Freude,
Es meckern die Lämmer darein.
Genießet, genießet den schattigen Hain.
Eh' Stürme die Blätter, die Blätter verstreun.

LEISE ZIEHT DURCH MEIN GEMÜT

Heinrich Heine

Leise zieht durch mein Gemüt
Liebliches Geläute.
Klinge, kleines Frühlingslied,
Kling hinaus ins Weite.

Kling hinaus, bis an das Haus,
Wo die Blumen sprießen,
Wenn du eine Rose schaust,
Sag, ich lass sie grüßen.

FRÜHLINGSLIED

Hoffmann von Fallersleben

Blauer Himmel, milde Luft,
Vogelsang und Blütenduft,
Überall Sang und Schall,
Freud' und Leben überall:
Und in diesen schönen Tagen,
Herz, und du nur wolltest klagen?

Wie die Ros' in ihrer Pracht
Froh der Sonn' entgegenlacht,
Lächle du voller Ruh
Gottes lieber Sonne zu!
Fürchte keine Nacht auf Erden!
Immer muss es Morgen werden.

JETZT BLÜHT'S IN ALLEN WIPFELN

Joseph von Eichendorff

Vom Grund bis zu den Gipfeln,
so weit man sehen kann,
jetzt blüht's in allen Wipfeln,
nun geht das Wandern an:

Die Quellen von den Klüften,
die Ström' auf grünem Plan,
die Lerchen hoch in Lüften,
der Dichter frisch voran.

Und die im Tal verderben,
in trüber Sorgen Haft,
er möcht sie alle werben
zu dieser Wanderschaft.

Und von den Bergen nieder
erschallt sein Lied ins Tal,
und die zerstreuten Brüder
fasst Heimweh allzumal.

Da wird die Welt so munter
und nimmt die Reiseschuh,
sein Liebchen mitten drunter
die nickt ihm heimlich zu.

Und über Felsenwände
und auf dem grünen Plan,
das wirrt und jauchzt ohn Ende –
und geht das Wandern an!

ER IST'S

Eduard Mörike

Frühling lässt sein blaues Band
wieder flattern durch die Lüfte.
Süße, wohlbekannte Düfte
streifen ahnungsvoll das Land.
Veilchen träumen schon,
wollen balde kommen.
Horch! Von fern ein leiser Harfenton!
Frühling, ja du bist's!
Dich hab ich vernommen.

NOTIZBLÄTTER UM OSTERN

Hermann Hesse

Es gehört zu der Stimmung und eigentümlich lockeren Konsistenz der späten Lebenstage, dass das Leben sehr an Wirklichkeit, oder Wirklichkeitsnähe, verliert, dass die Wirklichkeit, an sich schon eine etwas unsichere Dimension des Lebens, dünner und durchsichtiger wird, dass sie ihren Anspruch an uns nicht mehr mit der früheren Gewalt und Rücksichtslosigkeit geltend macht, dass sie mit sich reden, mit sich spielen, mit sich handeln lässt. Die Wirklichkeit für uns Alte ist nicht mehr das Leben, sondern der Tod, und den erwarten wir nicht mehr von außen, sondern wissen ihn in uns wohnen; wir wehren uns zwar gegen die Beschwerden und Schmerzen, die seine Nähe uns bringt, nicht aber gegen ihn selbst, wir haben ihn angenommen, und wenn wir uns etwas mehr als früher hüten und pflegen, so hüten und pflegen wir ihn mit, er ist bei uns und in uns, er ist unsre Luft, unsre Aufgabe, unsre Wirklichkeit.

Darüber verliert nun die Umwelt und Wirklichkeit, die uns einst umgab, sehr viel an Realität, ja sogar an Wahrscheinlichkeit, sie ist nicht mehr selbstverständlich und unbestritten gültig, wir können sie bald annehmen, bald ablehnen, wir haben eine gewisse

Macht über sie. Das tägliche Leben gewinnt dadurch eine Art von spielerischer Surrealität, die alten, festen Systeme gelten nicht mehr so recht, die Aspekte und Akzente haben sich verschoben, die Vergangenheit stieg im Verhältnis zur Gegenwart hoch im Wert, und die Zukunft interessiert uns überhaupt nicht mehr ernstlich. Damit bekommt unser Verhalten im Alltag, von der Vernunft und von den alten Regeln aus betrachtet, etwas Verantwortungsloses, Unernstes, Spielerisches, es ist jenes Verhalten, das der Volksmund »Kindischwerden« nennt. Es ist viel Richtiges daran, und ich zweifle nicht, dass ich ahnungslos und zwangsläufig eine Menge von kindischen Reaktionen auf die Umwelt hervorbringe. Doch geschehen sie, wie die Beobachtung mich lehrt, durchaus nicht immer ahnungslos und unkontrolliert. Es kann von alten Leuten Kindisches, Unpraktisches, Unrentables und Spielerisches auch bei vollem (oder halbem?) Bewusstsein und mit einer ähnlichen Art von Spielgenuss getan werden, wie ihn das Kind empfindet, wenn es mit der Puppe spricht oder lediglich durch seine eigene Stimmung und Gesinnung den kleinen Küchengarten der Mutter in einen von Tigern, Schlangen und feindlichen Indianerstämmen belebten Urwald umzaubert.

Ein Beispiel: Dieser Tage ging ich des Vormittags nach gelesener Post in den Garten. Ich sage »Garten«, doch ist es in Wirklichkeit ein ziemlich steiler und sehr im

Verwildern begriffener Grashang mit einigen Rebenterrassen, wo die Rebstöcke zwar von unsrem alten Taglöhner gut gehalten werden, alles andre aber die heftige Tendenz zeigt, sich in Wald zurückzuverwandeln. Wo vor zwei Jahren noch Wiese war, da ist das Gras jetzt dünn und kahl, statt seiner gedeihen Anemonen, Salomonssiegel, Einbeere, Heidelbeere, da und dort auch schon Brombeere und Heidekraut, dazwischen überall wolliges Moos. Dies Moos samt seinen Nachbarpflanzen müsste von Schafen abgeweidet und der Boden von ihren Hufen festgetreten werden, um die Wiese zu retten, aber wir haben keine Schafe und hätten für die gerettete Wiese auch keinen Dung, und so kriecht das zähe Wurzelgeflecht der Heidelbeere und ihrer Kameraden von Jahr zu Jahr tiefer ins Grasland hinein, dessen Erde damit wieder zu Waldboden wird.

Je nach Laune sah ich dieser Rückverwandlung mit Unmut oder mit Vergnügen zu. Manchmal mache ich mich über ein Stückchen der sterbenden Wiese her, gehe dem wuchernden Wildwuchs mit Rechen und Fingern zu Leibe, kämme ohne Erbarmen die Moospolster zwischen den bedrängten Grasbüscheln heraus, reiße ein Körbchen voll Heidelbeerkraut mit den Wurzeln aus, ohne doch an einen Nutzen dieses Tuns zu glauben, wie denn meine Gärtnerei im Lauf der Jahre ganz zu einem Einsiedlerspiel ohne praktischen Sinn geworden ist, das heißt einen solchen Sinn hat es nur für mich allein, als persönliche Hygiene und Ökonomie. Ich brauche, wenn die Schmerzen in Augen und Kopf zu lästig werden, einen Wechsel der mechanischen Tätigkeit, eine physische Umstellung. Die in langen Jahren von mir zu diesem Zweck erfundene gärtnerische und köhlerische Scheinarbeit hat nicht nur dieser körperlichen Umstellung und Entspannung zu dienen, sondern auch der Meditation, dem Fortspinnen von Phantasiefäden und der Konzentration von Seelenstimmungen. – Zuweilen also suche ich meiner Wiese das Waldwerden etwas zu erschweren. Ein andermal bleibe ich vor jenem Erdwall stehen, den wir vor mehr als zwanzig Jahren am Südrand des Grundstücks aufgeworfen haben, er besteht aus der Erde und den zahllosen Steinen, die beim Ziehen eines Schutzgrabens, zur Abhaltung des benachbarten Waldes, ausgehoben wurden, und war einst mit Himbeeren bepflanzt. Jetzt ist dieser Wall mit Moos, Waldgräsern, Farnen, Heidelbeeren überzogen, und einige schon ganz stattliche Bäume, namentlich eine schattige Linde, stehen dort als Vorposten des langsam wieder andrängenden Waldes. Ich hatte, an diesem besonderen Vormittag, nichts gegen Moos und Gestrüpp, gegen Verwilderung und Wald, sondern sah dem Gedeihen der wilden Pflanzenwelt mit Bewunderung und Vergnügen zu. Und in der Wiese standen überall die jungen Narzissen, mit fleischigem Blattwerk, noch nicht ganz erblüht, mit noch geschlossenen, noch nicht weißen, sondern sanftgelben Kelchen von der Farbe der Fresien.

Ich ging also langsam durch den Garten, sah mir das junge, rotbraune und von der Morgensonne durchschienene Rosenlaub und die kahlen Strünke der eben wieder ausgepflanzten Dahlien an, zwischen denen mit unbändiger Lebenskraft die feisten Schäfte der Türkenbundlilien emporstrebten, hörte weiter unten im Gelände den treuen Weinbergmann Lorenzo mit Gießkannen klappern und beschloss, ihn anzusprechen und allerlei Gartenpolitik mit ihm zu beraten. Langsam stieg ich von Terrasse zu Terrasse den Hang hinab, mit einigem Werkzeug bewaffnet, freute mich an den Traubenhyazinthen im Grase, die ich vor vielen Jahren einst zu Hunderten über den Hang verteilt habe, überlegte mir, welches Beet dies Jahr für die Zinnien in Betracht komme, sah mit Freude den schönen Goldlack blühen und sah mit Unbehagen die Lücken und brüchigen Stellen in der aus Zweigen geflochtenen Umzäunung des oberen Komposthaufens, der ganz mit dem schönen Rot der gefallenen Kamelienblüten bedeckt war. Ich stieg vollends hinab bis zum ebenen Gemüsegarten, begrüßte Lorenzo und brachte das geplante Gespräch in Gang durch die Frage nach seinem und seiner Frau Befinden und einen Meinungsaustausch über das Wetter. Gut, dass offenbar etwas Regen kommen würde, meinte ich. Lorenzo aber, der beinah gleich alt ist wie ich, stützte sich auf seinen Spaten, warf einen kurzen schrägen Blick auf das treibende Gewölk und schüttelte den grauen Kopf. Es werde heut kein Regen kommen. Man könne ja nie wissen, es gebe auch Überraschungen, obgleich ..., und nochmals schielte er listig himmelwärts, schüttelte den Kopf energischer und schloss das Regengespräch: »No, Signore.«

Wir sprachen nun von den Gemüsen, den frisch gesteckten Zwiebeln, ich lobte alles sehr und lenkte zu meinen eigentlichen Anliegen hinüber. Die Umzäunung droben beim Komposthaufen könnte wohl nicht lang mehr halten, ich würde zu ihrer Erneuerung raten, natürlich nicht gerade jetzt, wo es alle Hände voll und mehr noch zu tun gäbe, aber so gegen den Herbst oder Winter hin vielleicht einmal? Er war einverstanden, und wir fanden, wenn er dann an diese Arbeit gehe, wäre es richtig, nicht bloß das

Geflecht aus grünen Kastanienästen zu erneuern, sondern auch gleich die Pfähle. Sie würden zwar schon noch ein Jährchen standhalten, aber es wäre doch besser ... Ja, sagte ich, und da wir schon vom Komposthaufen sprächen, wäre es mir auch lieb, wenn er im Herbst nicht wieder die ganze gute Erde den oberen Beeten geben, sondern mir etwas für die Blumenterrasse beiseite tun würde, wenigstens ein paar Schubkarren voll. Gut, und das dürften wir auch nicht vergessen, dies Jahr die Erdbeeren zu vermehren und das unterste Erdbeerenbeet, das bei der Hecke, das schon manche Jahre stehe, abzuräumen. Und so fiel bald mir, bald ihm noch dies und jenes Gute und Nützliche ein, für den Sommer, für den September, für den Herbst. Und nachdem wir das alles schön durchgesprochen hatten, ging ich weiter, und Lorenzo machte sich wieder an die Arbeit, und wir waren beide mit den Ergebnissen unserer Betrachtung zufrieden.

Keinem von uns war es eingefallen, etwa plump an einen uns beiden wohlbekannten Sachverhalt zu erinnern, was unser Gespräch gestört und illusorisch gemacht hätte. Wir hatten schlicht und gutgläubig, oder doch nahezu gutgläubig, miteinander verhandelt. Und doch wusste Lorenzo ebenso gut wie ich, dass dies Gespräch mit seinen guten Vorsätzen und Planungen weder in seinem noch in meinem Gedächtnis haften würde, dass wir beide es in längstens vierzehn Tagen ganz und gar würden vergessen haben, Monate vor den Terminen für das Instandsetzen des Komposthaufens und für das Vermehren der Erdbeerpflanzen. Unser Morgengespräch unter dem nicht zum Regnen geneigten Himmel war einzig um seiner selbst willen geführt worden, ein Spiel, ein Divertimento, eine rein ästhetische Unternehmung ohne Folgen. Mir war es ein Vergnügen gewesen, eine Weile in Lorenzos gutes altes Gesicht zu blicken und Objekt seiner Diplomatie zu sein, die dem Partner, ohne ihn ernst zu nehmen, eine Schutzwand hübschester Höf-

lichkeit entgegenstellt. Auch haben wir als Altersgenossen ein Gefühl von Brüderlichkeit füreinander, und wenn einer von uns einmal besonders stark hinkt oder besondere Schwierigkeiten mit den geschwollenen Fingern hat, wird darüber zwar nicht geredet, aber der andere lächelt verstehend und leicht überlegen und hat für diesmal das Gefühl einer gewissen Genugtuung, auf der Basis einer Zusammengehörigkeit und Sympathie, wobei jeder nicht ungern sich als den augenblicklich Rüstigeren empfindet, doch aber auch mit einem vorwegnehmenden Bedauern des Tages denkt, an dem der andre nicht mehr neben ihm stehen wird.

Und jedes Mal, wenn ich mit Lorenzo rede, muss ich an Natalina denken, die nun schon mehr als zehn Jahre begraben liegt und nach deren Tod ich einst zum ersten Mal in meinem Garten und bei meinem Spiel mit gärtnerischer Arbeit jenes etwas bittre Gefühl von Leere und Nutzlosigkeit spürte, das mir mit der Zeit so vertraut geworden ist. Übrigens waren, was den Garten betrifft, Natalina und Lorenzo keineswegs einig und Freunde, sondern betrachteten einander mit dem wachen, misstrauisch-spöttischen Blick kritischer Konkurrenten. Er, der Bauer, war Schwerarbeiter, seine Sache war Graben, Wasser oder Steine schleppen, Pfähle spitzen und eintreiben, Bäume fällen. Sie aber, die kleine, zierliche, geschickte, überaus redegewandte Natalina war im Umgang mit Pflanzen ebenso begabt und erfolgreich wie am Kochherd, ihr gedieh unter zart sorgenden Händen noch der verlorenste Ableger und Wurzelstrunk, heut noch steht da und dort ein Denkmal ihrer feinfühligen Gartenkunst, eine altmodische Centifolien-Rose, eine riesige Hortensie, ein paar Christrosen, die schöne weiße Lilie. Man kann sie nicht vergessen, sie half unsre besten Jahre behüten und verschönern, sie war mein Hausgeist während meiner Eremitenjahre und unsere treue Dienerin und Kameradin nach der Heirat und dem Hausbau. Ach und wie sie sich auszudrücken verstand! Ihre treffenden Vokabeln, ihre schön und straff gebauten Sätze hätten weder Manzoni noch Fogazzaro Schande gemacht, und einige ihrer klassischen Formulierungen werden bei uns noch heute zuweilen zitiert. So etwa der von dem großen rotblonden Kater, den sie nach vollendetem Hausbau leihweise für einige Tage zu uns bringen wollte, um etwa vorhandene Mäuse zu verjagen, der aber gleich wieder davonlief, nach Natalinas Deutung entsetzt über die Pracht unserer neu eingerichteten Stuben. »Ma lui, spaventato di tanto lusso, scappava.« Zu Deutsch: Er aber, erschreckt durch so viel Luxus, ergriff die Flucht.

*

An Ostern hörte ich am Radio auch dies Jahr wieder die Matthäus-Passion. Diese sakrale Feier erlebe ich jedes Mal etwas anders, denn bis in meine Knabenjahre zurück, wo ich das von der Mutter mitgegebene Stückchen Schokolade längst vor dem Ende des ersten Teiles schon aufgegessen hatte und die vielen Wiederholungen in den Arien und Chören, zumal im Schlusschor, nur mit Ungeduld ertrug, da ich so langem passivem Stillsitzen noch nicht gewachsen war, hat dies Erlebnis so viele Vorgänger, dass die Erinnerungen in ganzen Schwärmen kommen und einander überschneiden. Doch sind die frühen unter ihnen stets die stärksten: jene technisch unvollkommenen, von Ausführenden und Hörern aber tief erlebten Passionen in der Calwer Kirche unter der Leitung meines Onkels Friedrich, der die schönen dunklen Augen meiner Mutter hatte und in dessen Kirchenchor meine Schwestern und Basen mitsangen. Am genauesten hat mein Musikgedächtnis eine Aufführung bewahrt, bei der meine beiden älteren Stiefbrüder die Rollen des Evangelisten und des Christus sangen und bei der ich schon die Beklommenheit und Kinderungeduld jener frühesten Aufführung überwunden hatte. Es mochte bei den ungezählten späteren Passionen, die ich hörte, den Christus und den Evangelisten wer immer singen, gewisse Stellen hörte ich doch jedes Mal mit den Stimmen und dem Ausdruck meiner Brüder wieder. Auch einige Aufführungen unter Freund Volkmar Andreae sind mit manchen Einzelheiten haften geblieben: die Erstaufführung der Matthäus-Passion in Italien, in Mailand, wo meine Bekanntschaft und langjährige Freundschaft mit Ilona Durigo ihren Anfang nahm; dann viel später jene andre, die Andreae tapfer durchführte, während seine auch uns Freunden teure Mutter auf dem Totenbett lag, und jene, bei der ich zum letzten Mal die Stimme Ilonas hörte, nicht lang vor ihrem Tode.

Von allen christlichen Festen ist seit Jahrzehnten Ostern das einzige, das ich noch mit Gefühlen der Frömmigkeit und Ehrfurcht erlebe, es gehört zu diesem Fest die zage Süßigkeit des Frühlingsanfangs ebenso wie die Erinnerung an die Eltern und an das Eiersuchen unter den Fliederbüschen im Gärtchen, die Musik Bachs nicht minder als die Stimmung um die Zeit meiner Konfirmation, den Streit zwischen der Ehrfurcht vor der Frömmigkeit meiner Eltern und ersten Missgefühlen und Einwänden gegen den formulierten und kirchlich gebundenen Glauben. Dieses Hin und Wider zwischen Ehrfurcht und Revolte klingt, über so viele Jahrzehnte hinweg, auch bei jedem Wiederhören der Bach'schen Passionen leise wieder in mir an, bald wehmütig, bald ironisch betont. Meine Ehrfurcht ist dann beim Leiden Jesu, bei seinem Ringen in Gethsemane, und meine Kritik wendet sich gegen einige Stellen des Textes und namentlich gegen die Jünger. Nicht nur, dass sie schliefen, während ihr Meister einsam den letzten Kampf kämpfte! Das Schlafen war am Ende verständlich, es war verzeihlich, es kam nicht nur aus Trägheit und aus Furcht vor dem schwer Ertragbaren, es hatte auch etwas Kindliches und Naturhaftes. Aber dass der eine Jünger seinen Meister verriet, der andre, der »Fels«, ihn verleugnete, und dass aus ihrem Kreise jene überhitzte, Zerwürfnis und Rangstreit nicht ausschließende Stimmung von Wundersucht, Legendenbildung und Kirchengründertum entstand, das hat mich zu gewissen Zeiten meines Lebens sehr gegen die Jünger eingenommen, und einige Male, es ist lange her, hat diese kritische Einstellung mir sogar die Feierstimmung beim Hören der Passion etwas beeinträchtigt. Als wären die Jünger in Bachs Passionen oder in den Kreuzigungsgruppen der Maler und Bildschnitzer wirklich dieselben wie die der protestantischen Dogmengeschichte und Bibelkritik! Als hätte ich nicht beim Hören des Berichtes über Petri Verleugnung dessen Angst, Verwirrung und seine furchtbare Scham und Reue noch weit besser nach- und mitempfinden können als das Leiden Jesu! Doch war jene Beeinträchtigung meiner Andacht durch das Mitwirken kritischer Antriebe ja nichts anderes als das Zucken einer Narbe, die einst eine Wunde gewesen war.

*

Da fällt mir ein Brief ein, den ich einem sympathischen Theologen, einem Geistlichen im deutschen Osten, geschrieben habe und der einige meiner Freunde interessieren könnte. Er hatte mir ein paar Fragen gestellt, darunter die, ob ich in Josef Knecht so etwas

wie einen Bruder Christi sehe, und eine andere, die nationale und rassische Verschiedenheit der religiösen Vorstellungswelten betreffend. Er hatte von den verschiedenen »Augen« gesprochen, mit denen die Völker des Göttlichen gewahr werden. Aus meiner Antwort teile ich die paar charakteristischen Sätze mit:
»Zu Ihrer Frage sage ich: Ja, das indische, römische, jüdische Auge sind, Gott sei Dank, überaus verschieden. Die Nationen, Kulturen, Sprachen mögen alle Bäume sein, aber einer ist eine Linde, einer ein Ahorn, einer eine Fichte usw. Der Geist, sei er nun theologisch gekleidet oder anders, neigt immer ein wenig zu sehr zum Begriff, zur Verflachung, zur Typisierung, er ist mit ›Baum‹ zufrieden, während Leib und Seele mit ›Baum‹ nichts anfangen können, sondern Linde, Eiche, Ahorn brauchen und lieben. Eben darum sind die Künstler vermutlich Gottes Herzen näher als die Denker. Wenn nun Gott sich im Inder und Chinesen anders ausdrückt als im Griechen, so ist das nicht ein Mangel, sondern ein Reichtum, und wenn man alle diese Erscheinungsformen des Göttlichen mit einem Begriff zusammenfassen will, entsteht keine Eiche und keine Kastanie, sondern bestenfalls ein ›Baum‹.
In Josef Knecht sehe ich nicht, wie Sie andeuten, einen Bruder Christi. In Christus sehe ich eine Erscheinung Gottes, eine Theophanie, deren es ja manche gab und gibt. In Knecht würde ich eher einen

Bruder der Heiligen sehen. Auch ihrer gibt es viele, unendlich viel mehr, als es Theophanien gibt; sie sind die ›Elite‹ der Kulturen und Weltgeschichte, und sie unterscheiden sich von einem ›gewöhnlichen‹ Menschen dadurch, dass sie die Einordnung und Hingabe an Überpersönliches nicht auf Grund eines Mangels an Persönlichkeit und Eigenart leisten, sondern durch ein Plus an Individualität.«

DAS GRAB IST LEER!

Matthias Claudius

Das Grab ist leer,
das Grab ist leer!
Erstanden ist der Held!
Das Leben ist des Todes Herr,
gerettet ist die Welt!

Die Schriftgelehrten hatten Müh'
und wollten weise sein;
sie hüten das Grab,
und sie versiegelten den Stein.

Doch ihre Weisheit, ihre List
zu Spott und Schanden ward;
denn Gottes Weisheit höher ist
und einer anderen Art.

Sie kannten nicht den Weg,
den Gott in seinen Werken geht;
und dass nach Marter und nach Tod
das Leben aufersteht.

DER HEILAND IST ERWACHT

Max von Schenkendorf

Ostern, Ostern, Frühlingswehen!
Ostern, Ostern, Auferstehen
aus der tiefen Grabesnacht,
aus der tiefen Grabesnacht!
Blumen sollen fröhlich blühen,
Herzen sollen heimlich glühen,
denn der Heiland ist erwacht.

Trotz euch, höllische Gewalten!
Hättet ihn wohl gern behalten,
der euch in den Abgrund zwang.
Mochtet ihr das Leben binden?
Aus des Todes düstern Gründen
dringt hinan sein ew'ger Gang.

Der im Grabe lag gebunden,
hat den Satan überwunden,
und der lange Kerker bricht.
Frühling spielet auf der Erden,
Frühling soll's im Herzen werden,
herrschen soll das ew'ge Licht.

Alle Schranken sind entriegelt,
alle Hoffnung ist versiegelt
und beflügelt jedes Herz.
Und es klagt bei keiner Leiche
nimmermehr der kalte, bleiche,
gottverlassne Heidenschmerz.

Alle Gräber sind nun heilig,
Grabesträume schwinden eilig,
seit im Grabe Jesus lag.
Jahre, Monde, Tage, Stunden,
Zeit und Raum, wie schnell verschwunden
und es scheint ein ew'ger Tag.

FREI VON TOD UND BANDEN

Annette von Droste-Hülshoff

Vom Grabe ist der Herr erstanden
und grüßet, die da sein.
Und wir sind frei von Tod und Banden
und von der Sünde Moder rein.
Ich soll mich freun an diesem Tage.
Ich freue mich, mein Jesus Christ.
Und wenn im Aug' ich Tränen trage,
du weißt doch, dass es Freude ist.

»ICH BIN DIE AUFERSTEHUNG UND DAS LEBEN«

Ludwig Richter

Der Arzt hatte mir und meiner Frau mitgeteilt, dass eine Rettung unserer lieben Marie nicht zu hoffen sei. Noch jetzt steht das Bild mir lebhaft vor der Seele, wie ich in der Laube sitzend die schlanke bleiche Gestalt langsam auf- und abgehen sehe und ihr Blick zuweilen fragend auf mir ruht: »Ob Vater wohl weiß, dass ich bald sterben werde?«, während die Lippe schwieg. Zu ihren Füßen aber wiegte sich ein lachender Tulpenflor, und an der Gartenwand leuchteten die roten und weißen Rosen in Fülle.

Es währte nicht lange, so konnte sie ihr Stübchen nicht mehr verlassen.

Ich fand sie einmal am offenen Fenster, die warme Luft des Sommerabends und den süßen Duft der Rosen atmend, welcher aus dem Garten zu ihr emporstieg. Sie war in Gedanken versunken, und zum ersten Male löste sich das bisher unausgesprochene Geheimnis ihres nahen Todes. Es hatte uns allen so bange und schwer auf dem Herzen gelegen. Marie schüttete ihr Herz vor mir aus; schüchtern und sorglich zu mir aufblickend, fragte sie, ob sie auch mit Zuversicht der Vergebung all ihrer Fehler und Versündigungen sich getrösten dürfe. Ich erinnerte sie an das alte Agnus-Dei-Lied: »All Sünd' hast du getragen, sonst müssten wir verzagen! Erbarm dich unser, o Jesu!«

Das Wort des Herrn: »Ich bin die Auferstehung und das Leben, wer an mich glaubt, der wird leben, ob er gleich stürbe«, und was wir sonst Ähnliches miteinander innig und ruhig besprachen, erfüllte ihre Seele mit seligster Freude. Entzückt ihre Arme ausbreitend, rief sie: »O Gott! Wie freue ich mich, wie glücklich bin ich! Ich werde bald meinen Heiland sehen.«

Ihre Augen leuchteten dabei in einem wunderbaren Glanze, der nicht mehr von dieser Welt schien.

Mit Erstaunen und Bewunderung betrachtete ich sie, denn es erinnerte mich diese Erscheinung an ihre Kindheit, wenn sie, etwa zweijährig, von mir auf den Knien geschaukelt wurde, wobei sie dann zuweilen in ein solches Jubilieren ausbrach und ihre Augen so ungewöhnlich aufleuchteten, dass Freund Peschel darüber stets in künstlerische Ekstase geriet.

Jetzt aber fiel mir die Stelle im Dante ein: »Öffne die Augen und sieh mich, wie ich bin! Du hast geschaut Dinge, dass du mächtig geworden bist, mein Lächeln zu ertragen.«

OSTERSPAZIERGANG

Johann Wolfgang von Goethe

Vom Eise befreit sind Strom und Bäche
Durch des Frühlings holden, belebenden Blick;
Im Tale grünet Hoffnungs-Glück;
Der alte Winter, in seiner Schwäche,
Zog sich in rauhe Berge zurück.
Von dorther sendet er, fliehend, nur
Ohnmächtige Schauer körnigen Eises
In Streifen über die grünende Flur;
Aber die Sonne duldet kein Weißes,
Überall regt sich Bildung und Streben,
Alles will sie mit Farben beleben;
Doch an Blumen fehlt's im Revier,
Sie nimmt geputzte Menschen dafür.
Kehre dich um, von diesen Höhen
Nach der Stadt zurück zu sehen.
Aus dem hohlen finstern Tor
Dringt ein buntes Gewimmel hervor.
Jeder sonnt sich heute so gern.
Sie feiern die Auferstehung des Herrn,
Denn sie sind selber auferstanden,
Aus niedriger Häuser dumpfen Gemächern,
Aus Handwerks- und Gewerbes-Banden,
Aus dem Druck von Giebeln und Dächern,

Aus der Straßen quetschender Enge,
Aus der Kirchen ehrwürdiger Nacht
Sind sie alle ans Licht gebracht.
Sieh nur sieh! wie behend sich die Menge
Durch die Gärten und Felder zerschlägt,
Wie der Fluss, in Breit' und Länge,
So manchen lustigen Nachen bewegt,
Und, bis zum Sinken überladen,
Entfernt sich dieser letzte Kahn.
Selbst von des Berges fernen Pfaden
Blinken uns farbige Kleider an.
Ich höre schon des Dorfs Getümmel,
Hier ist des Volkes wahrer Himmel,
Zufrieden jauchzet groß und klein:
Hier bin ich Mensch, hier darf ich's sein.

DIE LUFT IST VOLL OSTERN

Max Frisch

Schon wieder die ersten Knospen! Die langen Weidenzweige hangen wie grüne Perlenschnüre, sie erinnern an die klingelnden Schleier in gewissen Wirtschaften, und allenthalben zwitschern die Vögel, Bläue schwimmt durch das spröde Gezweig, die Sonne scheint überall hin, Büsche und Sträucher sind wie ein Sieb. Irgendwie ist es zu viel, vor allem das Zwitschern der Vögel; wenigstens riecht es nach Jauche, wenn man über die Felder wandert, und in den Gehöften gackert es von weißen Hühnern. Manchmal kommt eine Wolke, und man ist froh um den Mantel, aber herrlich flattert die Wäsche, die draußen über den grünen Wiesen hängt, sie knallt wie eine Peitsche, und es glitzert der Brunnen, sein verwehtes Wasser plätschert über den Trog. Die vertrauten Fassaden unsrer Bauernhäuser, man bemerkt sie stärker als sonst; es blinken ihre niedren Fensterreihen, ihre Scheiben voll kleiner Sprossen, die noch von keinen Blumen umrankt sind, von keinem Weinlaub überschattet; die Spaliere sind nichts als ein Gitter von schlanken und bläulichen Schatten, eine schwebende Arabeske über verblasstem Vitriol ihrer Mauern. Flieger über sich am Himmel. In den Schulhäusern, wenn man durch die Dörfer geht, singen sie bereits bei offenem Fenster, chorweise, dass es hallt über den öden Platz mit Recken und gestutzten Platanen, und irgendwo aus einem Tobel jault eine Sägerei, dass es durch Mark und Bein geht, und auf den Friedhöfen, wo die ersten Blumen wachsen, verrechen sie den Kies. Stundenlang wandere ich über gelassene Hügel. Die Wege sind weich, man muss auf dem Rande gehen; wie gläserne Scherben liegen die Tümpel darin, Räderspuren und Hufe, die den Himmel spiegeln. Man stapft durch Wälder, die fast ohne Schatten sind; nur selten gibt es noch ein Loch mit verschmutztem Schnee, körnig und grau und von Tannennadeln übersät; über einer Kiesgrube sehe ich den ersten Schmetterling. Man kann sich kaum verirren, so durchsichtig ist alles, und wenn man wieder hinauskommt, wogt es weiter mit Hügeln und braunen Mulden, Birken stehen am Rande eines Moores, und auf finsterem Acker dampfen die Rosse, sie ziehen den Pflug, die Egge, oder man verzettelt den Mist; immer bleibt die verblauende Ferne hinter schwarzen Apfelbaumzweigen. Gebirge hangen jenseits über Räumen voll silbernem Dunst, ein Gleißen von schmelzendem Schnee; die Luft ist voll Verheißung, die Luft ist voll Ostern, und es ist mir, als wäre gestern erst Frühling gewesen –.

AN DEN OSTERHASEN

Hortense Geigenberger

Lieber guter Osterhase,
Bitte, möchtest du besorgen
Einen Korb voll bunter Eier
für den Ostermorgen.

Welche Sorte? Nun ich dächte,
Wenn ich sie schon wählen sollte,
Wären es die schönsten, besten
Eier, die ich wollte.

Weißt du, rote, grüne, blaue,
Wie sie dir so gut gelingen,
Nagelneue, hübsch verzierte,
Solltest du mir bringen.

Was ich mit dem Körbchen mache,
Nun, kannst du es dir nicht denken?
Meinem Brüderchen, dem kleinen,
Möchte ich es schenken.

RÄTSELHAFTES OSTERMÄRCHEN

Joachim Ringelnatz

Der Frackverl0her H0nrich Osterm00 kehrte am ersten Osterf00tage sehr betrunken h0m. S0ne Frau, 0ne wohlbel0bte kl0ne Dame, betrieb in der Kl0ststraße 0nen 00handel. Sie empfing H0nrich mit den Worten: »0, 0, m0n Lieber!« Dab0 drohte sie ihm lächelnd mit dem Finger. Herr Osterm00 sagte: »Ich schwöre 0nen h0ligen 0d, dass ich nur ganz l0cht angeh0tert bin. Ich war b0 0ner W0hnachtsf0er des Ver0ns Fr0g0stiger Frackverl0her. Dort hat 0nes der Mitglieder anlässlich der Konfirmation s0ner Tochter 0ne Maibowle spendiert, und da habe ich denn sehr viel Rh0nw0n auf das Wohl des verehrten Jubelgr0ses trinken müssen, w0l man ja nicht alle Tage zw0undneunzig Jahre alt wird.« Frau Osterm00 schenkte diesen Beteuerungen k0nen Glauben, sondern sagte nochmals: »0 0, m0n Lieber!« Worauf ihr Papag0 die ersten zw0 Worte »0 0« wohl dr0ßigmal laut wiederholte. Über das Geschr0 des Papag0s geriet H0nrich in solche Wut, dass er 0n B0l ergriff und sämtliche 0000 zerschlug. Frau Osterm00 wurde kr0debl0ch und lief, triefend von 0gelb, zur Poliz0. Ihr Mann aber ließ sich erschöpft auf 0nen Stuhl nieder und w0nte l0se vor sich hin. Bis ihm der Papag0 von oben herab 0n Oster0 in den Schoß warf. Da war alles vorb0.

(Nur mit Ei und Eier aufzulösen.)

DER OSTERHASE

Volksgut

Schaut, wer sitzt denn dort im Gras?
Stille, still, der Has', der Has'!
Guckt mit seinem langen Ohr
aus dem grünen Gras hervor.
Lasst uns schauen, was im Nest
liegt so kugelrund und fest.

Eier, blau und grün und fleckig,
Eier, rot und gelb und scheckig.
Häslein in dem grünen Wald,
bin dir gut und dank dir halt.
Häslein mit dem langen Ohr,
dank dir tausendmal davor!

DAS OSTER-ABC

James Krüss

Alle Vögel singen schon,
Blumen blühn im Garten,
Crocus, Veilchen, Anemon,
Die verschämten, zarten.

Eine Amsel schwatzt vom Mai,
Ferne blasen Hörner,
Glocken läuten nahebei,
Hühnchen suchen Körner.

Ida flicht sich einen Kranz,
Jakob neckt ein Zicklein,
Küsters Frieda träumt vom Tanz,
Ludwig macht sich piekfein.

Mutter Margaretha fährt
Nobel zur Kapelle.
Ottokar, der Mops, verzehrt
Plätzchen auf der Schwelle.

Quicklebendig wird's im Haus:
Ruth und Xaver Meier
Suchen fleißig drin und drauß
Taubenblaue Eier.

Unterm Bett, in Uhr und Hut,
Vase, Topf und Lade
Wühlen sie. Da findet Ruth
Xavers Schokolade.
Ypsilon, ist das nicht nett?
Zett.

DER ENTHÜLLTE OSTERHASE ODER KLEINE VERSTECK-LEHRE

Walter Benjamin

Verstecken heißt: Spuren hinterlassen. Aber unsichtbare. Es ist die Kunst der leichten Hand. Rastelli konnte Sachen in der Luft verstecken.

Je luftiger ein Versteck, desto geistreicher. Je freier es dem Blick nach allen Seiten preisgegeben, desto besser.

Also beileibe nichts in Schubladen, Schränke, unter die Betten oder ins Klavier stecken.

Fairness am Ostermorgen: Alles so zu verstecken, dass es entdeckt werden kann, ohne dass irgendein Gegenstand vom Fleck bewegt werden muss.

Es braucht darum nicht frei zu liegen: eine Falte in der Tischdecke, ein Bausch im Vorhang kann schon den Ort verraten, an dem man zu suchen hat.

Sie kennen Poes Geschichte vom »Entwendeten Brief«? Dann erinnern Sie sich sicher der Frage: »Haben Sie nicht bemerkt, dass alle Menschen, wenn sie einen Brief verstecken, ihn, wenn auch nicht gerade in ein ausgehöhltes Stuhlbein, so doch wenigstens in irgendeinem verborgenen Loch oder Winkel unterbringen?« Herr Dupin, Poes Detektiv, weiß das. Und darum findet er den Brief da, wo sein sehr gerissener Gegen-

spieler ihn aufbewahrt: nämlich im Kartenhalter an der Wand, vor aller Leute Augen.
Nicht in der »guten Stube« suchen lassen. Ostereier gehören ins Wohnzimmer, und je unaufgeräumter es ist, desto besser.
Im achtzehnten Jahrhundert hat man gelehrte Abhandlungen über die seltsamsten Dinge geschrieben: über Findelkinder und Spukhäuser, über die Arten des Selbstmordes und die Bauchrednerei. Ich könnte mir eine übers Eierverstecken ausdenken, die es an Gelehrsamkeit mit den genannten aufnehmen könnte.
Sie würde zerfallen in drei Hauptstücke oder Kapitel. Darinnen würde der Leser bekanntgemacht mit den drei Urprinzipien oder Anfangsgründen aller Versteck-Kunst.
Ad eins: Das Prinzipium der Klammer. Das wäre die Anweisung zur Ausnutzung von Fugen und Spalten. Der Unterricht in der Kunst, Eier in der Schwebe zu halten zwischen Riegeln und Klinken, zwischen Bild und Wand, zwischen Tür und Angel, in der Öffnung eines Schlüssels so gut wie zwischen den Röhren einer Zentralheizung.
Ad zwei: Das Prinzipium der Füllung. In diesem Kapitel würde man lernen, Eier als Pfropfen auf den Flaschenhals, als Lichter auf den Kerzenhalter, als Staubgefäß in einen Blumenkelch, als Birne in eine elektrische Lampe zu praktizieren.

Ad drei: Das Prinzipium der Höhe und Tiefe. Bekanntlich fassen die Leute zuerst ins Auge, was ihnen in Blickhöhe gegenüber ist; dann schauen sie nach oben, erst ganz zuletzt kümmern sie sich um

das, was zu ihren Füßen liegt. Kleine Eier kann man auf Bildleisten balancieren lassen, größere auf dem Kronleuchter, wenn man ihn noch nicht abgeschafft hat. Aber was hat das alles zu sagen im Vergleich mit der Fülle von abgefeimten Asylen, die wir fünf oder zehn Zentimeter überm Fußboden zur Verfügung haben. Da kommt in Gestalt von Tischfüßen, Sockeln, Teppichfransen, Papierkörben, Klavierpedalen das Gras, in das der echte Osterhase allein seine Eier legt, sozusagen in der Großstadtwohnung zu Ehren. Und da wir einmal bei der Großstadt sind, soll auch ein Trostwort für die noch dastehen, die zwischen spiegelglatten Wänden in stählernen Möbeln hausen und ihr Dasein, ganz ohne Rücksicht auf den Festkalender, rationalisiert haben. Die mögen sich ihr Grammophon oder ihre Schreibmaschine nur einmal aufmerksam angucken, dann werden sie sehen, dass sie auf kleinstem Raum an ihnen so viel Löcher und Verstecke haben, als bewohnten sie eine Siebenzimmerwohnung im Makartstil.

Und nun wäre es gut, diese gewitzte Liste den Kleinen nicht vor Ostermontag in die Hände fallen zu lassen.

AUS EINEM APRIL

Rainer Maria Rilke

Wieder duftet der Wald.
Es heben die schwebenden Lerchen
mit sich den Himmel empor,
der unseren Schultern schwer war;
zwar sah man noch durch die Äste den Tag,
wie er leer war, –
aber nach langen, regnenden Nachmittagen
kommen die goldübersonnten neueren Stunden,
vor denen flüchtend an fernen Häuserfronten
alle die wunden
Fenster furchtsam mit Flügeln schlagen.

Dann wird es still. Sogar der Regen geht leiser
über der Steine ruhig dunkelnden Glanz.
Alle Geräusche ducken sich ganz
in die glänzenden Knospen der Reiser.

DER MANDELZWEIG

Schalom Ben-Chorin

Freunde, dass der Mandelzweig
wieder blüht und treibt,
ist das nicht ein Fingerzeig,
dass die Liebe bleibt.

Dass das Leben nicht verging,
soviel Blut auch schreit,
achtet dieses nicht gering
in der trübsten Zeit.

Tausende zerstampft der Krieg,
eine Welt vergeht.
Doch des Lebens Blütensieg
leicht im Winde weht.

Freunde, dass der Mandelzweig
sich in Blüten wiegt,
bleibe uns ein Fingerzeig,
wie das Leben siegt.

VOLL BLÜTEN

Hermann Hesse

Voll Blüten steht der Pfirsichbaum,
nicht jede wird zur Frucht,
sie schimmern hell wie Rosenschaum
durch Blau und Wolkenflucht.

Wie Blüten gehen Gedanken auf,
hundert an jedem Tag –
lass blühen! Lass dem Ding den Lauf!
Frag nicht nach dem Ertrag!

Es muss auch Spiel und Unschuld sein
und Blütenüberfluss,
sonst wär die Welt uns viel zu klein
und Leben kein Genuss.

APRIL

Wilhelm Raabe

Der April, der einst mensis novarum hieß, ist der wahre Monat des Humors. Regen und Sonnenschein, Lachen und Weinen trägt er in seinem Sack; und Regenschauer und Sonnenblicke, Gelächter und Tränen brachte er auch diesmal mit, und manch einer bekam seinen Teil. Ich liebe diesen janusköpfigen Monat, welcher mit dem einen Gesichte grau und mürrisch in den endenden Winter zurückschaut, und mit dem anderen jugendlich fröhlich dem nahen Frühling entgegenlächelt. Wie ein Gedicht Jean Pauls greift er hinein in seine Schätze und schlingt ineinander Reif und keimendes Grün, verirrte Schneeflocken und kleine Marienblümchen, Regentropfen und Veilchenknospen, flackerndes Osterfeuer und Schneeglöckchen, Aschermittwochsklagen und Auferstehungsglocken.

Ich liebe den April, welchen sie den Veränderlichen, den Unbeständigen nennen, und den sie mit »Herrengunst und Frauenlieb« in einen so böswilligen Reim gebracht haben.

Ich wurde diesen Morgen schon ziemlich früh durch das Geräusch des Regens, der an meine Fenster schlug, erweckt, blieb aber noch eine geraume Zeit liegen und träumte zwischen Schlaf und Wachen in diese monotone Musik hinein. Das benutzte ein schadenfroher Dämon des Trübsinns und des Ärgernisses, um sich in ein Netz trauriger, regenfarbiger Gedanken einzuspinnen, welches mir Welt und Leben in einem so jämmerlichen Lichte vorspiegelte und so drückend wurde, dass ich mich zuletzt nur durch einen herzhaften Sprung aus dem Bette daraus erretten konnte.

Aprilwetter! Die Hosen zog ich – wie weiland Freund Yorik – bereits wieder als ein Philosoph an, und der erste Sonnenblick, der pfeilschnell über die Fenster der gegenüberliegenden Häuser und die Nase des mir zuwinkenden Strobels glitt, vertrieb alle Nebel, welche auf meiner Seele gelastet hatten. Frischen Mutes konnte ich mich wieder an meine Vanitas setzen, und als ich gar in einem der schweinsledernen, verstaubten Tröster, die ich gestern von der königlichen Bibliothek mitgebracht hatte, eine alte vertrocknete Blume aus einem vergangenen Frühling fand, konnte ich schon wieder die seltsamsten Mutmaßungen über die Art und Weise, wie das tote Frühlingskleid zwischen diese Blätter kam, anstellen.

Hatte sie vielleicht an einem lang vergangenen Feiertage ein uralter, längst vermoderter Kollege mitgebracht von einem lustigen Feldwege, oder hatte sie vielleicht eines seiner Kinder spielend in dem Folianten des gelehrten Vaters gepresst? Hatte sie etwa ein Student von der Geliebten erhalten und hier aufbewahrt und vergessen? Welche Vermutungen! Hübsch und anmutig, und umso hübscher und anmutiger, als sie nicht unwahrscheinlich sind.

Oh, versteht es nur, Blumen zwischen die öden Blätter des Lebens zu legen; fürchtet euch nicht, kindisch zu heißen bei zu klugen Köpfen; ihr werdet keine Reue empfinden, wenn ihr zurückblättert und auf die vergilbten Angedenken trefft!

Sei mir gegrüßt, wechselnder April, du verzogenes Kind der alten Mutter Zeit und ...

KOMM, LIEBER MAI

T.: Christian Adolf Overbeck

M.: Wolfgang Amadeus Mozart

2. Zwar Wintertage haben
wohl auch der Freuden viel.
Man kann im Schnee eins traben
und treibt manch Abendspiel,
baut Häuserchen von Karten,
spielt Blindekuh und Pfand;
auch gibt's wohl Schlittenfahrten
auf's liebe freie Land.

3. Ach, wenn's doch erst gelinder
und grüner draußen wär!
Komm, lieber Mai, wir Kinder,
wir bitten gar zu sehr!
O komm und bring vor allem
uns viele Veilchen mit,
bring auch viel Nachtigallen
und schöne Kuckucks mit.

AN DEN MAI

Eduard Mörike

Es ist doch im April fürwahr
Der Frühling weder halb noch gar.
Komm, Rosenbringer, süßer Mai,
Komm du herbei!
So weiß ich, was der Frühling sei.

Wie aber, soll die erste Gartenpracht,
Narzissen, Primeln, Hyazinthen,
Die kaum die hellen Äuglein aufgemacht,
Schon welken und verschwinden?
Und mit euch besonders, holde Veilchen,
Wär's dann fürs ganze Jahr vorbei?
Lieber Mai, lieber Mai,
Ach, so warte noch ein Weilchen!

DER EINDRINGLING

Leo Tolstoi

Einmal stand ich auf dem Hof und betrachtete ein Nest, das ein Schwalbenpaar unterm Dach gebaut hatte. Beide Schwalben flogen vor meinen Augen fort. Das Nest blieb eine Weile leer. Da flog ein Spatz vom Dachfirst herab, flog zum Schwalbennest hin, sah es von außen und innen an und schlüpfte ins Nest. Streckte sein Köpfchen heraus und tschilpte. Bald darauf kam eine Schwalbe zum Nest zurück. Sie steckte den Kopf ins Nest. Aber kaum hatte sie den Eindringling bemerkt, schlug sie Lärm, stand mit aufgeregten Flügeln vor dem Nest in der Luft und flog dann weg.

Der Spatz blieb sitzen und tschilpte.

Plötzlich kam ein ganzer Flug Schwalben an. Alle flogen gegen das Nest hin, als wollten sie dem Eindringling sagen: Wir werden es dir schon zeigen! Der Spatz zeigte keine Spur von Angst, drehte den Kopf nach allen Seiten und tschilpte.

Die Schwalben flogen wieder gegen das Nest hin, taten dort irgendetwas und flogen wieder fort. Was taten die Schwalben? Jede brachte im Schnabel ein wenig Lehm mit und mauerte den Nesteinschlupf ein wenig zu. Unablässig flogen die Schwalben. Enger und

enger wurde das Nestloch. Anfangs war noch der Spatzenhals zu sehen gewesen, dann nur noch der Kopf, dann nur noch der Schnabel. Dann nichts mehr ...
Aber auf einmal: Durch den nassen Lehm kam erst der Spatzenschnabel, dann der Spatzenkopf, dann der ganze Spatz – und weg war der freche Bursche, und die beiden Schwalben hatten wieder ein offenes, leeres Nest.

DER MAI IST GEKOMMEN

VOLKSGUT

ROSEN IN DEM MAIEN

Adelbert von Chamisso

Rosen in dem Maien
Und der Liebe Fest!
Schwalben und die Lieben
Bauen sich ihr Nest.

Maienrosen, Lieder,
Schwalben, Liebe gar!
Und ich werde wieder
Jung im grauen Haar.

DURCHEINANDER

Joseph von Eichendorff

Spatzen schrein und Nachtigallen,
Nelke glüht und Distel sticht,
Rose schön durch Nesseln bricht,
Besser noch hat mir gefallen
Liebchens spielendes Augenlicht;
Aber fehlte auch nur eins von allen,
’s wär eben der närrische Frühling nicht.

DIE TAGE DER TAUSEND WUNDER

Hermann Löns

Schon lange singt die Amsel im Garten, schon lange der Fink im Walde. Das Schneeglöckchen fiel müde um, tot liegt der junge Krokus im jungen Grase. Was die Amsel sang und der Fink schlug, was das Schneeglöckchen und der Krokus blühten, was Hasel, Erle und Espe stäubten, was die Märzmotte tanzte und der Frosch murrte, Vorfrühling war es, aber der Frühling nicht.

Erst als das Lied der Singdrossel vom Eichenwipfel klang und über die ersten Grasspitzen im Walde der gelbe Falter taumelte, da zog der Frühling in das Land hinein, hüllte die Kornelkirsche in mattes Gold, hob jedes Zweiges braune Armseligkeit durch schimmernde Knospen und vollbrachte tagtäglich tausend schöne Wunder.

Das ist schon lange her. Nicht mehr grüßen wir jedes grüne Blättchen mit frohen Augen, liebkosen nicht mehr jedes schwellende Knöspchen mit freundlichem Lächeln; es sind der Blätter zu viele und übergenug der Knospen, und da es überall singt und klingt, tanzt unser Herz nicht bei jedem Vogelliede, wie an jenem Tage, da die erste Märzdrossel sang, der erste gelbe Falter flog, des ersten Märzblümchens Blauaugen aus fahlem Laube sahen. Wir wurden der kleinen Wunder gewöhnt und sehnten das große Wunder herbei, das Wunder der Allbegrünung des Waldes, und wir zürnten dem Ostwind, der dem Frühling die Hände band.

Er hat es gut gemeint, hat pfleglich gehandelt, dass er dem Westwind wehrte und dem Regen und der Sonne die Kraft nahm. Des Menschen Herz wird allzu schnell satt, danklos wendet es sich am Ziele ab, achtet das lange ersehnte Geschenk gering und dürstet nach der Wonne der Vorfreude. Eilig ist die Jugend, kurz ist der Frühling; was heute noch weich und frisch ist, ist morgen hart und staubig. Der Ostwind wusste, was er tat, als er den Vorfrühling festhielt und den Frühling warten ließ.

Herrlich ist der Frühling, und prächtig ist der Mai, aber so süß wie der Vorfrühling, so köstlich ist er nicht. Wonnig ist die goldene Maienwiese, aber so labt sie uns nicht, wie die erste Blüte des braunen Waldbodens, wie das erste Blättchen am kahlen Zweig, und tönt im Mai auch der ganze Wald, singt jeder Ast und klingt jeder Zweig, blüht jedes Fleckchen und glüht jedes Eckchen, das große Zauberwerk erhebt uns nicht so sehr wie die winzigen Wunder, aus denen es entstand.

Jedes von ihnen genossen wir einzeln, kosteten es für sich aus. Wir sahen das Windröschen mit demütig gebogenem Halse sich durch das Falllaub stehlen, wartend und frierend, bis die Sonne ihm Mut zusprach und ihm das blasse Gesichtchen rötete, sahen den gelben Falter fliegen, den ersten, und unser Herz machte einen Sprung, und bei jedem, den wir sahen, sprang es hoch in die Höhe. Der Graudrossel Lied entdeckten wir und trugen es heim als einen großen Schatz. Jeder Tag brachte neue Wunder, liebe Gaben. Im kalten Gewirre des Stangenholzes brannte eine grüne Flamme; die Traubenkirsche schoss in das Laub und machte sich zum Mittelpunkte des ganzen Waldes. Wilde Eifersucht durchfuhr den Weißdorn. Unnahbar stand er da in grauer Frostigkeit; nun aber platzten vor Grimm seine Knospen, neidisch grüne Blättchen quollen aus ihnen hervor und reckten und streckten sich um die Wette mit dem prahlenden Grün des Traubenkirschenbusches.

Das Winterlaub der Buchenjugenden, das Altlaub der Brombeerranken, die mit hartem Kupferglanz und schwerem Bronzeton weit und breit herrschten, merkten, dass ihre Tage gezählt sind, blassten ab, schrumpften ein, verdrängt von quellenden Knospen; ihre Zeit ist um, ihr Herbst ist da, ihre Todesstunde ist gekommen. In das Vorjahrslaub fällt Blatt um Blatt, und die Windröschen spreizen hastig ihre Blätter darüber. Und nun, aus Angst, von der Rotbuche überflügelt zu werden, drängt die Weißbuche sich vor, betont jeden ihrer Zweige mit blitzendem Geschmeide, regt sich, rührt sich und hüllt sich in silbergrünes Gefunkel.

Unwillig sieht es der Ebereschenbaum. Er schickt Befehle nach den entferntesten Wurzeln, treibt sie an, hetzt sie auf, und eifrig saugen sie aus Mulm und Moos Saft und Kraft und geben die Säfte dem Stamme und die Kräfte den Zweigen, und ehe es sich die Hagebuche versieht, spreizt sich unter ihr, von oben bis unten in blankes Silber gekleidet, die Eberesche, funkelnd und gleißend im Sonnenlichte, stolz im Bewusstsein, der allerschönste Baum zu sein im ganzen Walde. Der Ahorn aber öffnet seine Truhen, nimmt das goldene Seidengewand hervor und stellt sich keck neben die Eberesche, und die tauscht ihre kalte Silberpracht mit warmem Grün, und unterdessen die beiden sich noch zanken, wer am schönsten sei, hat die Hainbuche noch mehr Smaragden umgehängt und drängt stolz Ahorn und Eberesche zurück.
Nebenan ist derselbe Kampf im Gange. Die dunkle Kiefer, die düstere Fichte, die immer noch schliefen, erwachen langsam und beginnen, sich faul und schläfrig zu putzen. Keiner weiß, wie sie es machen, aber tagtäglich hellt sich ihr Nadelwerk auf, färbt sich ihr Geäst, tauchen mehr strahlende Kostbarkeiten in ihren dunklen Kleidern auf, bis darin Topase leuchten, Smaragde schimmern, Rubine glühen. Aber ehe sie so weit sind, dreht sich die Bickbeere zu ihren Füßen dreimal vor dem Spiegel hin und her und ist über und über behängt mit dem köstlichsten Perlengeschmeide, und sie lacht die ernsten und be-

dächtigen Leute übermütig aus, vorzüglich den Faulbaumbusch, der immer noch dürr und leer dasteht, als hätte er noch wer weiß wie viel Zeit. Nachher muss er sich sputen und wird doch nicht fertig, und noch im Herbst trägt er bei den reifen Beeren noch grüne Früchte und junge Blüten, steht, wenn alles rot und bunt ist, im grünen Sommerkleide herum, und zieht dann Hals über Kopf das gelbe Herbstgewand an, das er drei Tage tragen darf, denn länger erlaubt es der Winter ihm nicht.

Da ist das Geißblatt vorsichtiger. Jeden Sonnenstrahl im Winter nutzte es aus und prangte schon im Januar mit großen grünen Blättern. Aber wie es so ist, launenhaft und krausen Sinnes, muss es sich im Frühling abermals über seine Brüder erheben, und wenn die anderen Bäume und Sträucher grüne Blätter treiben, färbt es die seinigen schnell zu vorlautem Kupferrot, und wenn alle anderen Büsche Früchte ansetzen, hängt es einen Wirbel wachsweißer Blüten in sein grau gewordenes Laub. Aber wenn der erste Reif das Gras zerbricht, dann prahlt mit frechem Granatschmucke der zeitlose Busch.

Während nun alle diese Bäume und Büsche sich um die Wette bemühten, ihre Frühlingskleider anzulegen, und täglich neue Künste trieben, standen die Rotbuchen da, als ginge sie das alles nichts an. Sie trugen gelassen ihr strenges, graues, schwarz und grün gestreiftes Winterkleid und nahmen sich kaum die Muße, ihre Knospen für das Fest vorzubereiten. Bis dann der Tag kam, an dem der West- mit dem Ostwind sich balgte, bis es ihm gelang, in den Wald einzudringen und eine Handvoll Regen hineinzusprühen. Da spannten sich die harten, spitzen, trockenen Knospen, sie wurden weicher, runder und saftiger. Aber eine Woche warteten sie noch, bis der Westwind wieder eine erquickende Spende über sie goss, und nun konnte dort und da ein Zweig den Mut nicht halten, die goldenen Hüllen zerstoben, und unten um die kalten Silberstämme tanzten smaragdene Falter, erst einige wenige, hier ein Trüppchen, dort ein Flug, bis ein langer Nachtregen kam, Scharen der

grünen Schmetterlinge aus den Knospen lockte und das Astwerk mit einem grünen Geflimmer erfüllte, das sich von Tag zu Tag vermehrt, bis alle anderen Farben am Himmel und am Boden davor verschwanden. Heute schon ist viel verschwunden, was gestern noch da war. Jüngst standen die Stämme der Buchen noch so scharf abgerissen im roten Laube; jetzt verschmelzen sie gänzlich mit dem grünweißen Estrich. Ihr blankes Silber verlor seinen eisigen Blick, ihr giftiges Grün sein freches Starren, ihr unheimliches Schwarz sein böses Gesicht. Die Stechpalmenhorste zu ihren Füßen, die so frühlingsgrün aus dem Schnee leuchteten und so lustig aus dem roten Laube blitzten, sie bedeuten gar nichts mehr gegen das viele junge weiche Grün ringsumher, und wo sie noch sichtbar werden, wirken sie hart und lieblos.

Der Frühling hat einen leichten Sinn und kurz ist sein Gedächtnis. Eben noch bot das rote Laub am Boden seinem ersten Grün einen herrlichen Hintergrund, heute schon schiebt er es beiseite, schämt er sich des Erbgutes des Winters und bedeckt es hastig mit tausenderlei Grün und hunderterlei Farbe, damit niemand merke, dass er alle seine Schönheit und Frische und Jugend dem toten Laube und welken Blättern zu danken habe, und alle Freude verlässt sein Antlitz, erinnert ihn der Ostwind mit rauhem Worte an seine Herkunft, mit roher Hand aus Grün und Blüten die vergilbten, vergessenen Erinnerungen zerrend. Dann

schauert der Frühling zusammen und sieht zitternd in die fahle, trockene Zukunft.
Einen Augenblick später vergisst er die Angst vor ihr und schafft emsig weiter, Wunder neben Wunder stellend, mit liebreichen, weichen Händen. Die harte, zackige Kante der Brombeere schmückt er mit weichen, runden Flöckchen, er lockt aus dem steifen Holunderbusch mildes Blattwerk, webt um düstere Moospolster einen lichten Schein, macht dem schüchternen Waldklee Mut, dass er sich im kalten Schatten der Fichten hervorwagt, rollt mit spielenden Fingern die ängstlichen Farnwedel auf, verhüllt die sparrigen Lärchenbäume mit zartgrünen Schleiern, erweckt des Pfaffenhütchens Selbstbewusstsein, der Weide Ehrgeiz, der Erle Willenskraft und wagt sich schließlich sogar an die Eiche heran, die abweisend und unnahbar alle seine Liebe immer wieder von sich stößt.
Bis auch für sie die Stunde schlägt, für sie der Tag kommt, der alle ihre Knospen sprengt, der Tag der tausend Wunder.

Im Walde

IM WUNDERSCHÖNEN MONAT MAI

Heinrich Heine

Im wunderschönen Monat Mai,
Als alle Knospen sprangen,
Da ist in meinem Herzen
Die Liebe aufgegangen.
Im wunderschönen Monat Mai,
Als alle Vögel sangen,
Da hab ich ihr gestanden
Mein Sehnen und Verlangen.

Aus meinen Tränen sprießen
Viel blühende Blumen hervor,
Und meine Seufzer werden
Ein Nachtigallenchor.
Und wenn du mich liebhast, Kindchen,
Schenk ich dir die Blumen all,
Und vor deinem Fenster soll klingen
Das Lied von der Nachtigall.

DAS GÄNSEBLÜMCHEN

Hans Christian Andersen

Nun höre einmal!

Draußen auf dem Lande, dicht am Wege, lag ein Landhaus, du hast es gewiss selbst einmal gesehen. Vor demselben ist ein kleiner Garten mit Blumen und einem Stakete, welches angestrichen ist, dicht dabei am Graben, mitten in dem schönsten grünen Grase, wuchs eine kleine Gänseblume; die Sonne beschien sie ebenso warm und schön, wie die großen, schönen Prachtblumen im Garten, und deshalb wuchs sie von Stunde zu Stunde. Eines Morgens stand sie, mit ihren kleinen, blendend weißen Blättern, die wie Strahlen um die gelbe Sonne in der Mitte ringsherum sitzen,

ganz entfaltet da. Sie dachte nicht daran, dass kein Mensch sie dort im Grase sähe, und dass sie eine arme, verachtete Blume sei: Nein, sie war sehr vergnügt, sie wendete sich nach der warmen Sonne hin, sah zu ihr auf und horchte auf die Lerche, die in der Luft sang.

Die kleine Gänseblume war so glücklich, als ob es ein Festtag wäre und es war doch nur ein Montag. Alle Kinder waren in der Schule; während die auf ihren Bänken saßen und lernten, saß sie auf ihrem kleinen, grünen Stängel und lernte auch von der warmen Sonne und allem ringsumher, wie gut Gott ist, und es gefiel ihr recht, dass die kleine Lerche alles, was sie in der Stille fühlte, so deutlich und schön sang. Und die Gänseblume blickte mit einer Art Ehrfurcht zu dem glücklichen Vogel, der singen und fliegen konnte, empor, war aber nicht betrübt, dass sie es selbst nicht konnte. »Ich sehe und höre ja!«, dachte sie, »die Sonne bescheint mich, und der Wind küsst mich! Oh, wie reich bin ich doch begabt!«

Innerhalb des Staketenzauns standen viele steife, vornehme Blumen, je weniger Duft sie hatten, umso mehr prunkten sie. Die Päonien bliesen sich auf, um größer als eine Rose zu sein, aber die Größe macht es nicht! Die Tulpen hatten die allerschönsten Farben, und das wussten sie wohl und hielten sich kerzengerade, damit man sie besser sehen möchte. Sie beachteten die kleine Gänseblume da draußen nicht, aber diese sah desto mehr nach ihnen und dachte: »Wie sind sie reich und schön! Ja, zu ihnen fliegt sicher der prächtige Vogel hernieder und besucht sie! Gott sei Dank, dass ich so nahe dabei stehe, da kann ich doch die Pracht zu sehen bekommen!« Und so wie sie das dachte: »Quivit!«, da kam die Lerche geflogen, aber nicht zu den Päonien und Tulpen herunter – nein, nieder ins Gras zu der armen Gänseblume. Die erschrak vor Freude so, dass sie nicht wusste, was sie denken sollte.

Der kleine Vogel tanzte rings um sie her und sang: »Nein, wie ist doch das Gras so weich. Und sieh, welch eine liebliche, kleine Blume mit Gold im Herzen und Silber auf dem Kleide!« Der gelbe Punkt in der Gänseblume sah ja aus wie Gold, und die kleinen Blätter ringsherum erglänzten silberweiß.

Wie glücklich die kleine Gänseblume war – nein, das kann niemand begreifen! Der Vogel küsste sie mit seinem Schnabel, sang ihr vor und flog dann wieder in die blaue Luft hinauf. Es währte sicher eine Viertelstunde, bevor das Gänseblümchen sich erholen konnte. Halb verschämt und doch innerlich erfreut sah es nach den anderen Blumen im Garten; sie hatten ja die Ehre und das Glück, das ihm widerfahren war, gesehen, sie mussten ja begreifen, welche Freude es war. Aber die Tulpen standen noch einmal so steif wie früher, und dann waren sie spitz im Gesicht und rot, denn sie hatten sich geärgert. Die Päonien waren dickköpfig. Es war gut, dass sie nicht sprechen konnten, sonst hätte die Gänseblume eine ordentliche Zurechtweisung bekommen. Die arme, kleine Blume konnte wohl sehen, dass sie nicht bei guter Laune waren, und das tat ihr recht herzlich wehe. Zur selben Zeit kam ein Mädchen mit einem großen, scharfen und glänzenden Messer in den Garten; es ging durch die Tulpen hin und schnitt eine nach der anderen ab. »Uh!«, seufzte die kleine Gänseblume, »das ist ja schrecklich: nun ist es mit ihnen aus!« Dann ging das Mädchen mit den Tulpen fort. Das Gänseblümchen war froh darüber, dass es draußen im Grase stand und eine kleine Blume war, es fühlte sich sehr dankbar, und als die Sonne unterging, faltete es seine Blätter, schlief ein und träumte die ganze Nacht von der Sonne und dem kleinen Vogel.

Am nächsten Morgen, als die Blume wieder glücklich alle ihre weißen Blätter wie kleine Arme gegen Luft und Licht ausstreckte, erkannte sie des Vogels Stimme: aber es klang traurig, was er sang. Ja, die arme Lerche hatte guten Grund dazu, sie war gefangen und saß nun in einem Käfig, dicht bei dem offenen Fenster. Sie besang das freie und glückliche Umherfliegen, sang von dem jungen, grünen Korn auf dem Felde und von der herrlichen Reise, die sie auf ihren Flügeln hoch in die Luft hinauf machen konnte. Die arme Lerche war nicht bei guter Laune, gefangen saß sie da im Käfig.

Die kleine Gänseblume wünschte gar sehr bald zu helfen. Aber wie sollte sie das anfangen? Ja, es war schwer zu erdenken. Sie vergaß völlig, wie schön alles ringsumher stand, wie warm die Sonne schien, und wie prächtig weiß ihre Blätter aussahen. Ach, sie konnte nur an den gefangenen Vogel denken, für den etwas zu tun sie durchaus nicht imstande war.

In derselben Zeit kamen zwei kleine Knaben aus dem Garten, der eine von ihnen trug ein Messer in den Händen, groß und scharf wie das, welches das Mädchen hatte, um die Tulpen abzuschneiden. Sie gingen auf die kleine Gänseblume zu, die nicht begreifen konnte, was sie wollten.

»Hier können wir ein herrliches Rasenstück für die Lerche ausschneiden!«, sagte der eine Knabe, und begann dann, um die Gänseblume herum ein Viereck zu schneiden, so dass sie mitten in dem Rasenstück stehen blieb.

»Reiß die Blume ab!«, sagte der andere Knabe, und das Gänseblümchen zitterte vor Angst, denn abgerissen zu werden, hieß ja das Leben verlieren, und nun wollte es noch gar zu gern leben, da es mit dem Rasenstücke zu der gefangenen Lerche in den Käfig sollte.

»Nein, lass sie stehen!«, sagte der andere Knabe, »sie putzt so niedlich!« Und so blieb sie stehen und kam mit in das Bauer der Lerche.

Aber der arme Vogel klagte laut über seine verlorene Freiheit und schlug mit den Flügeln gegen den

Eisendraht im Käfig; die kleine Gänseblume konnte nicht sprechen, kein tröstendes Wort sagen, so gern sie auch wollte. So verging der Vormittag.

»Hier ist kein Wasser«, sagte die gefangene Lerche. »Sie sind alle ausgegangen und haben vergessen, mir etwas zu trinken zu geben. Mein Hals ist trocken und brennend! Es ist Feuer und Eis in mir, und die Luft ist schwer! Ach, ich muss sterben, scheiden vom warmen Sonnenscheine, vom frischen Grün, von all der Herrlichkeit, die Gott geschaffen!« Und dann bohrte sie ihren Schnabel in das kühle Rasenstück, um sich dadurch ein wenig zu erfrischen! Da fielen ihre Augen auf das Gänseblümchen, und der Vogel nickte ihm zu, küsste es mit dem Schnabel und sagte: »Du musst hier drinnen auch vertrocknen, du arme, kleine Blume! Dich und den kleinen Flecken grünen Grases hat man mir für die ganze Welt gegeben, die ich draußen hatte! Jeder kleine Grashalm soll mir ein grüner Baum, jedes deiner weißen Blätter eine duftende Blume sein! Ach, ihr erzählt mir nur, wie viel ich verloren habe!«

»Wer ihn doch trösten könnte!«, dachte die Gänseblume, aber sie konnte kein Blatt bewegen, doch der Duft, der den feinen Blättern entströmte, war weit stärker, als man ihn sonst bei dieser Blume findet. Das bemerkte der Vogel auch, und obgleich er vor Durst verschmachtete und in seinem Schmerze die grünen Grashalme abriss, berührte er doch nicht die Blume.

Es wurde Abend, und noch kam niemand, dem armen Vogel einen Wassertropfen zu bringen, da streckte er seine hübschen Flügel aus und schüttelte sie krampfhaft, sein Gesang war ein wehmütiges Pieppiep; das kleine Haupt neigte sich der Blume entgegen, und des Vogels Herz brach vor Mangel und Sehnsucht. Da konnte die Blume nicht, wie am vorhergehenden Abende, ihre Blätter zusammenfalten und schlafen, sie hing krank und traurig zur Erde nieder.

Erst am nächsten Morgen kamen die Knaben, und als sie den toten Vogel erblickten, weinten sie, weinten sie viele Tränen und gruben ihm ein niedliches Grab, welches mit Blumenblättern verziert wurde. Des Vogels Leiche kam in eine rote, schöne Schachtel, königlich sollte er bestattet werden, der arme Vogel! Als er lebte und sang, vergaßen sie ihn, ließen ihn im Käfig sitzen und Mangel leiden, nun bekam er Schmuck und viele Tränen.

MAILIED

Johann Wolfgang von Goethe

Wie herrlich leuchtet
Mir die Natur!
Wie glänzt die Sonne!
Wie lacht die Flur!

Es dringen Blüten
Aus jedem Zweig
Und tausend Stimmen
Aus dem Gesträuch

Und Freud und Wonne
Aus jeder Brust.
O Erd, o Sonne!
O Glück, o Lust!

O Lieb, o Liebe!
So golden schön,
Wie Morgenwolken,
Auf jenen Höhn!

Du segnest herrlich
Das frische Feld,
Im Blütendampfe
Die volle Welt.

O Mädchen, Mädchen,
Wie lieb ich dich!
Wie blickt dein Auge!
Wie liebst du mich!

So liebt die Lerche
Gesang und Luft,
Und Morgenblumen
Den Himmelsduft.

Wie ich dich liebe
Mit warmem Blut,
Die du mir Jugend
Und Freud und Mut

Zu neuen Liedern
Und Tänzen gibst.
Sei ewig glücklich,
Wie du mich liebst!

DER MAI

Erich Kästner

Im Galarock des heiteren Verschwenders,
ein Blumenzepter in der schmalen Hand,
fährt nun der Mai, der Mozart des Kalenders,
aus seiner Kutsche grüßend, über Land.

Es überblüht sich, er braucht nur zu winken.
Er winkt! Und rollt durch einen Farbenhain.
Blaumeisen flattern ihm voraus und Finken.
Und Pfauenaugen flügeln hinterdrein.

Die Apfelbäume hinterm Zaun erröten.
Die Birken machen einen grünen Knicks.
Die Drosseln spielen, auf ganz kleinen Flöten,
das Scherzo aus der Symphonie des Glücks.

Die Kutsche rollt durch atmende Pastelle.
Wir ziehn den Hut. Die Kutsche rollt vorbei.
Die Zeit versinkt in einer Fliederwelle.
O, gäb es doch ein Jahr aus lauter Mai!

Melancholie und Freude sind wohl Schwestern.
Und aus den Zweigen fällt verblühter Schnee.
Mit jedem Pulsschlag wird aus Heute Gestern.
Auch Glück kann weh tun. Auch der Mai tut weh.

Er nickt uns zu und ruft: »Ich komm ja wieder!«
Aus Himmelblau wird langsam Abendgold.
Er grüßt die Hügel, und er winkt dem Flieder.
Er lächelt. Lächelt. Und die Kutsche rollt.

MAILIED

Matthias Claudius

O wie schön, wie schön ist der Mai!
Gras und Blumen wachsen,
Bäume haben Blätter,
Sanfte Winde wehen,
Stiere gehn und weiden,
Junge Lämmer blöken,
O wie schön, wie schön ist der Mai.

Seht hier diese Wiese!
Tausend grüne Spitzen,
Und an allen Spitzen
Hangen Tropfen Tau.
Wie die Schlüsselblumen
Hier beisammen stehen!
Wie die Blätter rauschen!
Und dort fern am Hügel
Singt die Nachtigall.
Rund umher ist Freude,
Freude dort am Hügel,
Und im Tale Freude,
Freude in Gebüschen,
Freude auf den Bäumen,
Alles lebt und fühlet,
O wie schön, wie schön ist der Mai!

Wenn doch Daphne käme! –
Wehet sanft, ihr Winde,
Duftet süß, ihr Blumen!
Ich will jetzt die schönsten
Ganz behutsam pflücken,
Nicht den Blüten schaden,
Nicht den Tau verschütten,
Und beim Morgengruße
Ihr die Blumen geben
Und dann stehn und sehen,
Wie sie Kränze flechtet,
Wie sie unter ihnen
Den bescheidnen wählet,
Um die Stirn' ihn windet
Und dann freundlich blicket
Unterm Blumenkranze.

SOMMERGESANG

Paul Gerhardt

Geh aus, mein Herz, und suche Freud
in dieser lieben Sommerzeit
an deines Gottes Gaben;
schau an der schönen Gärten Zier
und siehe, wie sie mir und dir
sich ausgeschmücket haben.

Die Bäume stehen voller Laub,
das Erdreich decket seinen Staub
mit einem grünen Kleide;
Narzissus und die Tulipan,
die ziehen sich viel schöner an
als Salomonis Seide.

Die Lerche schwingt sich in die Luft,
das Täublein fliegt aus seiner Kluft
und macht sich in die Wälder;
die hochbegabte Nachtigall
ergötzt und füllt mit ihrem Schall
Berg, Hügel, Tal und Felder.

Ich selber kann und mag nicht ruhn,
des großen Gottes großes Tun

erweckt mir alle Sinnen;
ich singe mit, wenn alles singt,
und lasse, was dem Höchsten klingt,
aus meinem Herzen rinnen.

Hilf mir und segne meinen Geist
mit Segen, der vom Himmel fleußt,
dass ich dir stetig blühe;
gib, dass der Sommer deiner Gnad
in meiner Seele früh und spat
viel Glaubensfrüchte ziehe.

Mach in mir deinem Geiste Raum,
dass ich dir werd ein guter Baum,
und lass mich Wurzel treiben.
Verleihe, dass zu deinem Ruhm
ich deines Gartens schöne Blum
und Pflanze möge bleiben.

Quellennachweis

Max Frisch, Die Luft ist voll Ostern, aus: *ders.*, Gesammelte Werke in zeitlicher Folge. Sieben Bände, © Suhrkamp Verlag Frankfurt am Main 1986.

Hermann Hesse, Voll Blüten, aus: *ders.*, Sämtliche Werke, Band 10: Die Gedichte, © Suhrkamp Verlag Frankfurt am Main 2002.

Hermann Hesse, Aus Kinderzeiten, aus: *ders.*, Sämtliche Werke, © Suhrkamp Verlag Frankfurt am Main 2002.

Hermann Hesse, Notizblätter um Ostern, aus: *ders.*, Sämtliche Werke, © Suhrkamp Verlag Frankfurt am Main 2002.

James Krüss, Das Oster-ABC, aus: © James Krüss, 2001, Der wohltemperierte Leierkasten, erschienen im C. Bertelsmann Jugendbuch Verlag, München, einem Unternehmen der Verlagsgruppe Random House GmbH.

Rudolf Otto Wiemer, was ich mir wünsche, © J. F. Steinkopf Verlag GmbH, Kiel.

Astrid Lindgren, Ich bekomme ein Lämmchen, aus: *dies.*, Die Kinder aus Bullerbü, © Verlag Friedrich Oetinger, Hamburg.

Erich Kästner, Der Mai, © Atrium Verlag, Zürich, und Thomas Kästner.

Walter Benjamin, Der enthüllte Osterhase oder Kleine Versteck-Lehre, aus: *ders.*, Gesammelte Schriften, © Suhrkamp Verlag Frankfurt am Main 1991.